Un Diácono con Propósito

Cuatro Elementos Bíblicos Esenciales

Segunda Edición

Dr. Tony Wolfe

Un Diácono con Propósito:
Cuatro Elementos Bíblicos Esenciales
Segunda Edición © 2024 Tony Wolfe
Arte de portada: Hunter Sample

ISBN 978-1-955295-68-0

Las solicitudes de información
o permisos deberán dirigirse a:

COURIER PUBLISHING

100 Manly Street
Greenville, South Carolina 29601
CourierPublishing.com

Publicado en los Estados Unidos de América

*Este libro está dedicado a innumerables
diáconos devotos que sirven a las iglesias de Cristo
con fidelidad y determinación refrescantes.*

Prólogo

La iglesia necesita diáconos que sepan por qué fueron seleccionados, qué están llamados a hacer y cómo pueden cumplir eficazmente el llamado de Dios. La iglesia necesita diáconos con propósito. Si usted es un diácono que busca cumplir su propósito, ha elegido un gran recurso.

Cuando la primera edición de *Un Diácono con Propósito* fue lanzada, fue una bendición instantánea de Dios en mi papel como editor de *Deacon Magazine* [Revista Diácono] de Lifeway. También fue un gran recurso en mi trabajo con la Convención Bautista del Pacífico de Hawaii. El libro encajaba perfectamente para aparecer en la revista. Me dio innumerables ideas sobre temas y le pedí a Tony que escribiera para casi todas las ediciones de *Deacon Magazine* [Revista Diácono] desde que se publicó el libro. Tony ha incluido algunos de sus mejores artículos de revista en el apéndice al final de esta segunda edición (edición en inglés solamente).

Al servir a nuestra convención de iglesias en Hawaii, el Pacífico y Asia, *Un Diácono con Propósito* se convirtió en un elemento básico para comprar al por mayor y dárselo a cada pastor y diácono que encontraba. Formó el contenido de las capacitaciones que dirigí para diáconos. He enseñado el contenido de este libro a pastores y diáconos en Hawaii, Japón y Filipinas. Cada grupo lo encontró relevante para su situación.

Es un honor para mí presentarles la edición revisada y ampliada. Tony Wolfe ha tomado su excelente trabajo, lo ha actualizado y elevado su utilidad a un grado aún mayor. El mundo ha cambiado significativamente desde que Tony lanzó la primera edición, y aunque el propósito de los diáconos sigue siendo el mismo, la necesidad de diáconos con propósito es mayor ahora que nunca.

Este libro es bíblico, práctico y fácil de comprender. Incluye cuatro capítulos fáciles de digerir sobre los cuatro propósitos de un diácono, un capítulo de introducción y un capítulo final sobre las cualidades y calificaciones del carácter del diácono. Puedes leer toda la obra en dos o tres horas. El formato del libro se presta a una capacitación única o continua para cuerpos de diáconos o para grupos de cuerpos de diáconos de iglesias de la misma región.

Invite a otro pastor o líder denominacional a dirigir un retiro de todo el día que ofrezca una visión general del libro. Cuando su comunidad de diáconos se reúna, analice un capítulo o una parte de un capítulo utilizando las preguntas de discusión proporcionadas. Entregue una copia de este recurso práctico a cada diácono que sirva en su iglesia. Cuando nuevos diáconos se unan a su comunidad cada año, entréguele una copia y vuelva a visitar la capacitación.

Gracias, Tony, en nombre de innumerables pastores y diáconos que han sido bendecidos con este libro y aquellos que serán bendecidos con esta edición revisada y ampliada.

Dr. Craig Webb
Director Ejecutivo-Tesorero
Convención Bautista del Pacífico de Hawaii
Editor General, *Deacon Magazine*
2024

Prólogo Original

Todo el mundo sabe *quién* es un diácono. Pero la mayoríade las personas, incluyendo el propio diácono, ¡puede no saber lo *qué* él es! Para definir lo que significa ser diácono no es necesario mirar más allá de la palabra griega que se traduce "diácono" en el Nuevo Testamento. La palabra misma nos dice qué es un diácono. Es un "siervo", dispuesto a hacer lo que sea necesario para promover la causa de Cristo y el testimonio y la unidad de la iglesia. La palabra en sí no habla de autoridad personal ni de reconocimiento personal. Describe a una persona cuya vida está totalmente comprometida con el Señor Jesucristo y su iglesia. Es una persona que se mantiene firme para dar el ejemplo de lo que debe ser un creyente genuino. Es fiel al Señor, a la iglesia, a su pastor y a su personal. Él es el ingrediente indispensable para que una iglesia siga avanzando hacia el elevado propósito para el cual nuestro Señor esta-

UN DIÁCONO CON PROPÓSITO

bleció la iglesia. Él es el hombre que siempre está junto al pastor, decidido a proteger el tiempo del pastor para que realmente pueda escuchar a Dios y siempre tener una palabra de Dios cuando se pone en pie para predicar. Él es el guardián de la unidad de la iglesia. Él es la punta de lanza de la misión de la iglesia. Sin su lealtad y su excelente integridad ocupando un lugar destacado para que Dios siempre sea glorificado y alabado a través de la iglesia, la iglesia probablemente fracasará en su enfoque en nuestro Dios grande, creativo y redentor.

Parece que él es indispensable para la iglesia, el pastor y el personal, ¿cierto? ¡La verdad es que lo es! Los diáconos surgieron de la necesidad de proteger el tiempo de los apóstoles de cosas necesarias e importantes que se habían convertido en una carga cada vez mayor para ellos. El enemigo de lo mejor no es lo peor, sino lo bueno. Las cosas buenas y necesarias pueden absorber las energías y la pasión de los pastores de Dios. Eso sucedió en la iglesia primitiva. Los diáconos fueron llamados a existir en la iglesia primitiva con el propósito de liberar a los apóstoles para que pasaran más tiempo en oración y escuchando de parte de Dios para que pudieran proclamar la verdad de Dios a la iglesia. La misma necesidad está presente hoy. Mil cosas importantes pueden agobiar al pastor hasta el punto de que no tenga la energía ni el tiempo para escuchar verdaderamente de parte de Dios. El diácono era provisión de Dios para ser amigo, consejero, apoyo y aliento del pastor. En ese rol, él está para servir en cualquier manera necesaria para fortalecer la habilidad del pastor de pasar más tiempo en oración y estudio para siempre declarar la Palabra de Dios con claridad y aplicación.

Al recordar mis décadas de ministerio, le doy gracias a Dios por los diáconos que Dios trajo a mi vida. Cumplieron en todos los sentidos la descripción que Tony Wolfe ha dado intencionalmente de los diáconos con propósito. Estas páginas no son ciencia aeroespacial, sólo simples explicaciones del papel bíblico del diácono como aquel que libera al pastor para cumplir con el ministerio que Dios le ha dado. Léalo con gran beneficio. ¡Aplica estos principios con gran bendición!

Dr. Jimmy Draper
Presidente Emérito
Tiendas Cristianas Lifeway
2017

Tabla de Contenido

Prefacio

Mi padre fue pastor bautista durante toda mi niñez, y aprendí mucho sobre los oficios de pastor y diácono viéndolo pastorear y liderar con diligencia y corazón de siervo. Los diáconos que conocí cuando era niño no eran perfectos, pero Dios obró a través de ellos para dejar una impresión positiva en mí. Esa influencia me continúa moldeando hoy y ha jugado un papel fundamental en el desarrollo de *Un Diácono con Propósito*.

Comencé como ministro de música ("líder de cántico", como me llamaban) en una iglesia de tamaño normativo en el sur de Louisiana cuando tenía diecisiete años, el verano anterior a mi último año de escuela secundaria. Los diáconos allí alentaron mi papel en la iglesia. Fueron influyentes en los primeros años de mi matrimonio e instrumentales en mi crecimiento espiritual en la vida y el ministerio. Doy gracias a Dios que se arriesgaron con un chico flaco y despistado de secundaria que no tenía la menor idea de lo que Dios tenía reservado para su futuro. Veinticinco años después, todavía reflexiono con asombro sobre cómo Dios usó a esos hombres para sostenerme y fortalecerme.

En mayo de 2017, después de dieciocho años sirviendo a iglesias locales en Texas y Louisiana como pastor, ministro de música, líder de discipulado y consejero cristiano, Dios me llamó a servir en la familia más grande de cooperación bautista como Director de Relaciones Pastorales Eclesiásticas (más tarde, Director Ejecutivo Asociado) para la Convención de los Bautistas del Sur de Texas. A lo largo de esos dieciocho años en el ministerio de la iglesia local, tuve el honor de conocer, ser discipulado y trabajar estrechamente con cientos de diáconos fieles. Incluso en los años siguientes, mientras trabajaba con la Convención durante cinco pastorados interinos en seis años, los diáconos de cada iglesia fueron invaluables para la estabilidad organizacional y vitalidad espiritual de las iglesias que pastoreé durante sus transiciones. Algunos de ellos han emprendido su vuelo hacia el cielo, y yo espero, con gozosa anticipación, el día de nuestra reunión en gloria. A otros los he conocido a lo largo de los años y tengo el privilegio de seguir recurriendo como amigos en busca de sabiduría y aliento. Los diáconos fieles, piadosos y guiados por el Espíritu han sido invaluables para mi viaje espiritual desde mis primeros recuerdos hasta el día de hoy. Algunas de sus historias están incluidas en este libro. Sin embargo, ningún registro excepto el celestial podría contener los tesoros inagotables de influencia positiva que estos fieles siervos de las iglesias de Cristo han tenido en mi vida.

Al asumir mi función de cuidado pastoral y liderazgo en la Convención en Texas, busqué recursos que nos ayudaran a capacitar a diáconos en todo el estado. En ese momento, los libros de formación de diáconos más recientes que podría haber considerado tenían más de una década. Robert Naylor, presidente del Seminario Teológico Bautista Southwestern, publicó *The Baptist Deacon* [El Diácono Bautista] en 1955 y Howard B. Foshee de la Junta de Escuela Dominical Bautista siguió con *Now That You're A Deacon* [Ahora Que Eres Un Diácono] en 1975. Ambos fueron valiosos en su época. En 2008, Lifeway Christian Resources publicó *The Deacon I Want*

To Be [El Diácono Que Quiero Ser], completo con libros de trabajo, hojas de trabajo y videos. El recurso fue útil y esclarecedor en su momento, pero demasiado detallado y complejo para algunos diáconos en iglesias de tamaño normativo. ¿Dónde estaba el recurso de formación de diáconos contemporáneo, práctico y de fácil lectura para la tercera década del siglo XXI? El Espíritu Santo me impresionó que este recurso necesario estaba en mi corazón y en mi cabeza. Sólo había que trabajarlo y escribirlo.

Completé el primer borrador de *Un Diácono con Propósito* en el verano de 2017. Luego, después de varias rondas de edición por parte de mi amigo y compañero de trabajo Gary Ledbetter, la Convención de los Bautistas del Sur de Texas lo formateó e imprimió gráficamente. Fue un éxito inmediato. Durante seis años viajé por Texas y muchos otros estados realizando capacitaciones para diáconos de iglesias y asociaciones. Dos años después, capacité al personal de la convención estatal para dirigir capacitaciones para diáconos para que la obra pudiera multiplicarse. Y lo fue, exponencialmente. No pudimos tener suficientes copias del libro a mano para satisfacer la creciente demanda. El recurso se tradujo a otros idiomas y estuvo disponible en formato PDF en línea de forma gratuita. Comencé a recibir correos electrónicos de líderes de iglesias literalmente de todo el mundo ofreciendo acción de gracias por *Un Diácono con Propósito* ya que lo usaban para entrenar a sus diáconos. Es a la vez humillante y gratificante saber que la influencia de cientos de diáconos en todo Texas y Louisiana, a quienes Dios puso en mi vida durante muchos años, ha sentado las bases para un recurso como este. Su amor por Cristo y su devoción a su iglesia continúa fortaleciendo cuerpos de diáconos en todo el mundo. Su legado vive en la proliferación de sus historias y en la obediencia ejemplar a Cristo, a través de *Un Diácono con Propósito.*

Desde 2017, han aparecido en el mercado varios otros recursos útiles para la formación de diáconos. Conocí a Andy Spencer, un diácono fiel en una iglesia de Texas, en 2018 y supe que él y su pastor Michael Lewis habían sido recientemente coautores de un libro titulado: *Levanta a Tu Pastor: Conviértete en un Defensor del Pastor.* En él, aprovechan su amistad única a lo largo de los años para ofrecer diez maneras prácticas en que un diácono puede servir a la iglesia apoyando a su pastor. *On Being a Deacon* [Sobre ser un Diácono] por Mark Hallock y varios de sus diáconos se publicó en 2019. Es una herramienta excelente y práctica en manos de cualquier diácono o cuerpo de diáconos. En 2021, 9Marcas (con Crossway Publishing) publicó *Los Diáconos* por Matt Smethurst lo cual ha hecho maravillas al reposicionar bíblicamente a los diáconos en las iglesias bautistas, especialmente entre la tradición reformada. En 2023, el director ejecutivo Todd Gray, junto con varios bautistas de Kentucky, escribieron una herramienta intensamente práctica para diáconos bajo el título *The Deacon Ministry Handbook* [El Manual del Ministerio para el Diácono]. Además, sería negligente si no incluyera *Deacon Magazine* [Revista Diácono] por Lifeway en este breve estudio de recursos útiles y contemporáneos. *Deacon Magazine* [Revista Diácono], editada por mi amigo y director ejecutivo de la Convención Bautista de Hawaii-Pacífico, Craig Webb, ha proporcionado información contemporánea y estímulo contextual a los diáconos durante más de cincuenta años. Regularmente recomiendo todos estos recursos a diáconos y cuerpos de diáconos que deseen agudizarse y fortalecerse en su servicio a las iglesias de Cristo.

En la primavera de 2023, Dios me llamó a servir entre los Bautistas de Carolina del Sur. Al llegar, rápidamente me di cuenta de que *Un Diácono con Propósito*, tan gentilmente promovido y distribuido por la Convención de los Bautistas del Sur de Texas durante seis años, necesitaba ser actualizado y revisado para su próxima temporada de utilidad para las iglesias de Cristo. Mi amigo Jeff Robinson, editor y presidente de The Baptist Courier [El Correo Bautista], acordó publicar la segunda edición a través de su nueva rama editorial ministerial, y ha sido un placer trabajar con él y su personal durante todo el proceso.

Entonces, con la proliferación de nuevos recursos de capacitación para diáconos desde 2017, ¿por qué una segunda edición de *Un Diácono con Propósito?* ¿Es necesaria? Permítanme ofrecer varias razones. Primero, si bien la primera edición fue intensamente práctica y resultó muy útil, estaba limitada por mi conocimiento y experiencia en ese momento. Por la gracia de Dios, he aprendido mucho más durante estos últimos siete años a medida que he trabajado hombro a hombro con más y más personas que ocupan este cargo bíblico. Muchas de las actualizaciones de esta segunda edición reflejan mi propia comprensión mejorada. Estoy agradecido por la influencia de aún más diáconos que ahora son parte para siempre de mi historia y yo, de la de ellos.

En segundo lugar, *Un Diácono con Propósito* sugiere un paradigma único, conciso y de fácil comprensión para el ministerio diaconal. Vive a un nivel de 30.000 pies y sólo se sumerge más bajo momentáneamente para hacer sugerencias prácticas que pueden ser beneficiosas o no para su cuerpo de diáconos. Algunos de los otros recursos nuevos se centran en los pormenores, y estoy agradecido por su atención al detalle y su practicidad concentrada. Pero los cuatro propósitos aquí expuestos son claros y simples, fácilmente traducibles al cuerpo de diáconos de cualquier iglesia, independientemente del tamaño o la cultura de la iglesia. Las preguntas de discusión y los puntos de reflexión al final de cada capítulo tienen como objetivo cultivar un ambiente propicio para una aplicación autoevaluada, autodirigida y contextualizada.

En tercer lugar, la disponibilidad del recurso impreso no ha podido satisfacer la demanda. La Convención de los Bautistas del Sur de Texas ha trabajado arduamente para mantener los libros en stock, pero la Convención no es una agencia editorial. Este nuevo acuerdo con el brazo editorial Baptist Courier de Carolina del Sur, garantiza que la oferta se mantendrá al día con la demanda en el presente y en el futuro. Esta segunda edición está disponible a través de populares tiendas web en línea y otras vías a través de las cuales normalmente se adquieren libros. El recurso ahora está disponible de manera más fácil y consistente para diáconos individuales, líderes de iglesias, líderes de asociaciones y convenciones, y cualquier otra persona que pueda encontrar valor en sus páginas.

Finalmente, durante siglos la literatura evangélica estuvo privada de recursos de capacitación diaconal prácticamente útiles y centrados en la Biblia. A medida que el siglo XXI avanza y la rapidez del cambio tecnológico y social continúa aumentando, necesitamos más (no menos) recursos destinados a alentar y capacitar a candidatos y titulares de este importante cargo bíblico. En 2017, me sentí como si estuviera solo con *Un Diácono con Propósito*. Hoy, por la gracia de Dios, siento que *Un Diácono con Propósito* es una herramienta entre muchas que, juntas, ofrecen un enfoque más integral para el buen diaconado.

Al leer las siguientes páginas, le recomiendo que lo haga lentamente y con oración, y que lo consulte con frecuencia mientras presta servicio en el oficio del diaconado. Nunca tengo la intención de escribir libros para un consumo apresurado. Espero que cuanto más consultes estas páginas en los próximos meses y años, Dios te revelará conocimientos espirituales, ideológicos y prácticos para el paso de las temporadas. No eres diácono por accidente. Entonces, sé un diácono con propósito. Mi única victoria en este trabajo sería saber que, de alguna manera, las siguientes páginas dan forma bíblica y práctica a su jornada como diácono en la iglesia de Cristo. Que así sea.

"Y sea la gracia del Señor nuestro Dios sobre nosotros. Confirma, pues, sobre nosotros la obra de nuestras manos; sí, la obra de nuestras manos confirma".

Salmo 90:17

CAPÍTULO 1

Introducción

No eres un error. Su llamado a ser diácono no es un error. Toda tu vida, Dios te ha estado moldeando y dándote forma. Tiene como gran diseño la imagen de su hijo Jesucristo (2 Corintios 3:18). Es cierto que en este momento todos estamos muy lejos de ese producto terminado, pero estamos avanzando hacia ello. Estabas perdido y muerto en pecado, pero Dios te redimió mediante el arrepentimiento y la fe en Jesús. Él depositó su Espíritu Santo dentro de ti y puso tus pies en el camino de la sabiduría, un viaje que un día terminará en su propia gloria cuando salga de este mundo marcado por el pecado y entre en su hogar celestial eterno. Pero Dios todavía te está moldeando y dándote forma incluso ahora. Como un alfarero que modela su arcilla, él te está convirtiendo en el hombre o la mujer que él ha llamado y recién creado para que seas.

Y mírate ahora. ¿Habrías pensado—hace diez años, hace veinte años—que Dios te hubiera llamado a ser un diácono en su iglesia? ¿Un líder servidor en su vehículo creado y elegido para la propagación mundial del evangelio? "Indigno" es la única palabra que me viene a la mente cuando pienso en el llamado de Dios a mi vida. Pero alabado sea Dios, él me ha hecho digno por medio de su hijo Jesús. Y ahora mi objetivo es "servir bien" para la gloria de Dios y para el fortalecimiento de mi propia fe (1 Timoteo 3:13).

Tu familia en la iglesia local ha visto en ti las cualidades que desean en un diácono. Te han llamado a servirles. A amarlos. A guiarlos. Dios lo ha ordenado. Tú te has rendido. La iglesia lo ha designado. El tuyo es un llamado elevado, uno que lo pone bajo el peso de los problemas cotidianos de otros miembros de la congregación, levantándolos y animándolos en su caminar de fe. Dios ha llamado. La iglesia ha aprobado. Tú has respondido.

ENTONCES ERES UN DIÁCONO.
¿AHORA QUE?

No hace mucho, estuve sentado en una ceremonia de ordenación de diáconos en una iglesia
donde había sido bendecido para realizar algún
ministerio significativo. Aunque las reuniones del
domingo por la mañana atraen a miles de personas, el servicio de ordenación de diáconos se llevó
a cabo en una pequeña capilla donde un par de
docenas de miembros de la iglesia se reunieron
para la ocasión. La mayoría de ellos eran diáconos existentes o familiares de los dos que se pre-
sentaban para la ordenación. Me pregunté por la
falta general de interés en una ceremonia como
ésta. Por lo que sé, la iglesia valora mucho a sus
diáconos y su servicio. Pero la asistencia a la ceremonia de ordenación de ese domingo por la tarde
fue notablemente inferior a la asistencia al servicio de adoración de esa mañana. Muchos factores
estuvieron en juego, estoy seguro. La gente está
ocupada. El bloque del domingo por la noche en
la programación de esta iglesia generalmente está
reservado para el tiempo y el descanso en familia. No se programaron actividades para niños. La
lista continúa. Pero confío en que el Señor trajo

a esta ceremonia a aquellos que Él quería que estuvieran allí.

El servicio fue conmovedor y significativo. El pastor presentó una sólida carga bíblica de Hechos 6:1–7. Los diáconos se reunieron alrededor de los candidatos y sus jóvenes familias, les impusieron las manos y oraron. Las oraciones estuvieron llenas de sinceridad y expectativa. Las peticiones audibles simultáneas de muchos santos llenaron la sala. Casi podía oler el dulce aroma de la intercesión mientras se elevaba hacia el cielo. Hombres y mujeres oraron por las familias de los candidatos. Oraron por un fervor espiritual renovado y creciente en aquellos que la congregación había apartado recientemente para este oficio. Luego oraron por el compromiso de cada candidato con la misión y visión de la iglesia, las almas perdidas de la comunidad, el liderazgo audaz pero con corazón de siervo del pastor, y el celo espiritual de los miembros de la iglesia para participar en la Gran Comisión. El presidente del cuerpo de diáconos ofreció una oración final en nombre de todos ellos y la ceremonia concluyó con un impulso espiritual revitalizante. Sentado en el banco de atrás, escuchando a los santos orar con esperanza y poder, deseé que todo el cuerpo de la iglesia hubiera experimentado la intensidad solemne de ese momento expectante.

Le di la mano a los candidatos al salir por la puerta y les agradecí por su disposición a servir a la novia de Cristo en este papel oficial. Sin embargo, vi algo extraño en sus caras. Fue casi como si todo el viaje culminara aquí, en el servicio de ordenación. Detrás de sus pupilas vidriosas había una extraña mezcla de alivio e inquietud. Sin duda, la fase de prueba y seguimiento de la iglesia que duró un año fue agotadora. La preparación para las preguntas del consejo de ordenación fue intensa. La fe y la familia habían sido puestas a prueba durante el largo proceso. Quizás esta ceremonia les pareció más un punto de llegada que un comienzo. En lo más profundo de sus cavidades orbitales sentí una curiosidad hambrienta y contingente. De cada uno de ellos casi podía escuchar las palabras silenciosas que nublaban sus miradas pero que no se atrevían a escapar de sus labios: Soy un diácono. ¿Ahora que?

Ese pensamiento pasa por mi mente cada vez que participo en un servicio de ordenación diaconal. La mayoría de las iglesias han delineado requisitos bíblicos específicos para los futuros diáconos. La mayoría tiene un proceso bien definido para su selección. La mayoría tiene guías generales para la actividad del diácono después de su instalación. Pero cuando se trata de los ritmos diarios, semanales y mensuales del servicio como diácono, muchas iglesias no tienen un plan intencional para capacitar a nuevos diáconos o para perfeccionar a los diáconos existentes a medida que pasan los años. Este estudio, *Un Diácono con Propósito*, está diseñado para satisfacer esa necesidad. Quizás utilizarás esto como herramienta de capacitación para diáconos potenciales o recién seleccionados. O tal vez lo utilice como curso de actualización para diáconos que han servido durante décadas. En todo caso, *Un Diácono con Propósito* llamará al cuerpo de diáconos a regresar a un marco bíblico para el servicio en la iglesia.

Existen muchos enfoques estructurales excelentes para organizar las funciones del cuerpo de diáconos. Diferentes estructuras y estrategias se adaptarán bien a diferentes iglesias, según sus necesidades y los dones específicos de sus diáconos. Su iglesia puede emplear un modelo de ministerio familiar de diáconos, un modelo de liderazgo de equipo ministerial, un modelo de grupo de pastores o cualquier otro paradigma. Este estudio no trata sobre estructuras y estrategias. Más bien, el objetivo aquí es el propósito general. En la Biblia veo cuatro propósitos bíblicos generales para el ministerio diaconal en la iglesia. Cualquiera que sea la estrategia o estructura que utilice su cuerpo de diáconos, debe facilitar de alguna manera estos cuatro propósitos bíblicos. Cada uno de los cuatro propósitos se explica, ilustra y aplica en la práctica en los capítulos siguientes. Al final de cada capítulo, encontrará preguntas para la reflexión y la discusión en grupo que, esperamos, cultivarán un entorno que facilite una contextualización reflexiva y creativa.

Te animo a usar *Un Diácono con Propósito* como guía para equipar a tus diáconos hacia sus cuatro propósitos bíblicos en la iglesia. Repita esta capacitación sistemáticamente cuando los nuevos diáconos comiencen su servicio. Úselo para desafiar el statu quo y hacer que los diáconos existentes regresen a su propósito bíblico. Mientras he dirigido capacitaciones de diáconos sobre este material en todo Estados Unidos durante los últimos siete años, les he dicho a los cuerpos de diáconos que deberían salir con cien ideas, pero decidir solo una o dos para implementar durante los próximos seis a doce meses. El objetivo de entrenamientos como este no es perfeccionar su cuerpo de diáconos de la noche a la mañana. Más bien, el objetivo es que todos ustedes sigan avanzando juntos. Elige una cosa y trabaja en ella. De seis a doce meses después, elige otra cosa.

Se intencional al respecto. La iglesia funciona bien cuando está bien dirigida y servida. Es mi oración que esto sea una herramienta en las manos de su iglesia hacia un liderazgo con corazón de siervo dentro de su cuerpo de diáconos y que el evangelio de Jesucristo avance gracias a ello.

Nuestro estudio de caso para los cuatro propósitos bíblicos del ministerio diaconal es Hechos 6:1–7. Aunque es posible que estos siete hombres no hayan sido llamados formalmente "diáconos", este pasaje importante prepara el terreno para el ministerio formal de diáconos en la Iglesia local del Nuevo Testamento. Recientemente, Matt Smethurst ha llamado a este pasaje un "modelo" para el diaconado: "Estos [siete] hombres son precursores que esencialmente anticipan el papel formal que los diáconos pronto desempeñarán en las iglesias locales".[1] No podría estar más de acuerdo. Los versículos 2-3 establecen la responsabilidad de estos hombres escogidos como *diakonein trapezais*, para "servir mesas". Ser diácono es servir y ser un modelo de liderazgo de servicio. Leerás y reflexionarás sobre Hechos 6:1–7 con frecuencia mientras estudias *Un Diácono con Propósito*. Pero comencemos por el final. El versículo 7 revela lo que sucedió entre la iglesia como resultado directo de que estos siete hombres sirvieran bien:

> "Y la palabra de Dios crecía, y el número de los discípulos se multiplicaba en gran manera en Jerusalén, y muchos de los sacerdotes obedecían a la fe" (Hechos 6:7).

Ese es el punto. ¿No es esto también lo que quiere ver en su iglesia? "La palabra de Dios crecía". La palabra escrita de Dios, por el poder del Espíritu Santo, libera a las personas de la vergüenza, les da vida, les asegura una esperanza duradera, ilumina cada camino por delante, y satisface el corazón anhelante (Salmo 119:6, 40, 81, 105, 162). Imagínate si estas promesas del Salmo 119 se hicieran realidad en tu comunidad. Imagínate si tus vecinos y amigos llegaran a conocer a Dios y vivir en la libertad de su justo amor mediante la difusión efectiva de su palabra escrita.

"El número de los discípulos se multiplicaba en gran manera". Cada vez más personas se arrepentían y creían en el evangelio. El crecimiento de la iglesia no es una meta en sí misma, pero el libro de Hechos no evita celebrar el aumento exponencial del número de personas que han sido salvas, bautizadas y asimiladas a la vida corporal de la iglesia (Hechos 2:41, 47; 5:14; 6:1, 7, etc.). Todos queremos que suceda lo mismo en las familias de nuestra iglesia, ¿no es así?

"Y muchos de los sacerdotes obedecían a la fe". Incluso los más conocedores de la Biblia adquirieron un mayor conocimiento y obediencia a los caminos de Dios. Estoy seguro de que hay miembros de tu iglesia que han caminado con Dios durante mucho tiempo. ¿No anhelas verlos crecer aún más en su fe y fidelidad a Cristo? No estoy diciendo que ésta sea una fórmula secreta para el crecimiento de la iglesia. Pero como mínimo, tenemos que reconocer que, al menos en la iglesia de Jerusalén del primer siglo, el versículo 7 sucedió inmediatamente después de los versículos 1-6. Cuando los diáconos sirven bien a la iglesia, con propósito, el evangelio avanza, la Gran Comisión se cumple y las personas crecen más profundamente en su fe en Jesús. Otro ha sugerido que sin el ministerio diaconal de Hechos 6:1-6, "el evangelio no se habría extendido" como lo hizo: "La labor de un diácono, entonces, está cargada de significado. Sus efectos repercutirán en la eternidad".[2]

No se puede subestimar la importancia de un ministerio bíblico de diáconos. Lo tuyo es un llamado vital. Sirve bien y harás avanzar la causa de Cristo; sirve a medias y la estorbarás. Tu tiempo es demasiado corto y tu misión demasiado importante para ser diácono por accidente. Entonces, sé un diácono con propósito.

PREGUNTAS PARA REFLEXIÓN/ DISCUSIÓN EN GRUPO

1. Reflexiona (comparte) tu historia. ¿Cómo llegaste a la fe en Cristo? ¿Cómo supiste que te estaba llamando a ser diácono? ¿Qué está haciendo Dios en tu vida hoy mientras continúa moldeándote a la imagen de Cristo?

2. Lea Hechos 6:1–7. ¿Cuáles son algunas observaciones iniciales que puedes sacar del texto y cómo informan o deberían informar esas observaciones sobre la función/oficio del diácono en una iglesia local?

3. Tómate un tiempo para trabajar en la estructura de tu iglesia para cumplir las funciones

del cuerpo de diáconos. No te agobies aún con lo que *debería* ser. Más bien, simplemente trabaja para ponerte de acuerdo sobre lo que es. ¿Qué hacen los diáconos en tu iglesia? ¿Cómo se seleccionan? ¿Qué estándares de carácter y/o responsabilidad existen?

✦ ✦ ✦

"Por aquellos días, al multiplicarse el número de los discípulos, surgió una queja de parte de los judíos helenistas en contra de los judíos nativos, porque sus viudas eran desatendidas en la distribución diaria de los alimentos. Entonces los doce convocaron a la congregación de los discípulos, y dijeron: 'No es conveniente que nosotros descuidemos la palabra de Dios para servir mesas. Por tanto, hermanos, escojan de entre ustedes siete hombres de buena reputación, llenos del Espíritu Santo y de sabiduría, a quienes podamos encargar esta tarea. Y nosotros nos entregaremos a la oración y al ministerio de la palabra.' Lo propuesto tuvo la aprobación de toda la congregación, y escogieron a Esteban, un hombre lleno de fe y del Espíritu Santo, y a Felipe, a Prócoro, a Nicanor, a Timón, a Parmenas y a Nicolás, un prosélito de Antioquía. A estos los presentaron ante los apóstoles, y después de orar, pusieron sus manos sobre ellos. Y la palabra de Dios crecía, y el número de los discípulos se multiplicaba en gran manera en Jerusalén, y muchos de los sacerdotes obedecían a la fe". *(Hechos 6:1–7)*

CAPÍTULO 2

Lidere con Su Ejemplo

Los bautistas del sur, a quienes sirvo, confiesan dos "oficios" en la Iglesia local del Nuevo Testamento: pastor y diácono.[3] En muchos sentidos, se podría llamar al pastor el líder principal. Bajo la autoridad de Jesucristo y la guía del Espíritu Santo, el establece la dirección y visión generales de la iglesia. No es el único líder de la iglesia. Eso es ridículo. La iglesia está llena de líderes. Como Peter Drucker insinuó en la década de 1990: "La única definición de líder es alguien que tiene seguidores".[4] Te guste o no, las niñas de octavo grado lideran a las de quinto grado, los niños de último año lideran a los de primer año y los adultos mayores lideran a los adultos más jóvenes. Son líderes porque otros los siguen. La pregunta no es "¿liderarán?" sino "¿a quién lideran y hacia dónde?" Los pastores reflexivos no poseen todo el liderazgo en la iglesia. Más bien, lideran a los líderes de la iglesia.

De manera similar, los diáconos son los servidores principales. Me cuesta imaginar que cuando se eligieron los diáconos de Hechos 6, el resto de la congregación suspiró aliviado y pensó: "Gracias a Dios, no tendremos que servir a la gente nunca más". Los diáconos no fueron elegidos como los *únicos* servidores de la iglesia. Ellos fueron elegidos como los servidores *principales* de la iglesia. Ellos marcan el tono, la dirección y la cultura del liderazgo de servicio. Los diáconos fieles son el regalo de Dios a la iglesia "para servir a los miembros y dar ejemplo de su fe y práctica".[5]

En nuestro estudio de caso bíblico (Hechos 6:1–7), el verbo usado en el versículo 2 para describir el deber esperado de los hombres seleccionados es *diakoneo*. Es la misma palabra de la que derivamos nuestra palabra en español "diácono". La palabra para "diácono" significa literalmente, tanto en forma como en función, *servidor*.

CUERPO DE DIÁCONOS,
NO JUNTA DE DIÁCONOS

Sin duda, las iglesias locales fueron influenciadas por la proliferación de prácticas comerciales y la revolución organizacional provocada a principios y mediados del siglo XX. En cierto modo, esta influencia fue buena y saludable. No fue hasta principios del siglo XX que las iglesias consideraron hacer un presupuesto para las necesidades ministeriales anuales. Las prácticas organizativas nacidas de un gobierno centralizado en tiempos de guerra influyeron en la estrategia de financiación de misiones de mi propia denominación. La creciente conciencia global generó oportunidades para misiones internacionales.

Pero no toda influencia fue buena y saludable. Este mismo enfoque empresarial de la vida de la iglesia se convirtió en terreno fértil para una tendencia creciente en las iglesias locales en la que los diáconos dirigían los asuntos comerciales de la iglesia mientras que los pastores trabajaban en el ministerio de la iglesia. Por muy bien intencionada que fuera esta separación, creó la oportunidad para una dinámica de juego de poder entre los dos oficios del Nuevo Testamento. En lugar de trabajar juntos en el ministerio y la administración de la iglesia, los pastores y diáconos a menudo estaban en desacuerdo entre sí. En lugar de ver a los diáconos y pastores como compañeros de trabajo en el ministerio de la iglesia local, algunos pastores comenzaron a sentir una presión cada vez mayor por parte de sus diáconos para desempeñarse y cumplir con las expectativas (incluso si esas expectativas a veces no se comunicaban). En lugar de centrar su tiempo y energía en ministrar ("servir") a la congregación, muchos cuerpos de diáconos se convirtieron en nada más que juntas administrativas dentro de la estructura de toma de decisiones de una iglesia. Cuando la eficiencia empresarial y la dinámica del juego de poder de la iglesia entraron en juego, nació el concepto junta de diáconos.

Pero un cuerpo de diáconos no es una junta. En 1975, Howard B. Foshee, de la Junta Bautista de Escuela Dominical, abordó el tema con franqueza: "El desafortunado término 'junta de diáconos'... es extraño a la forma en que los bautistas deberían trabajar juntos bajo el liderazgo del Espíritu Santo".[6] Bíblicamente, los diáconos no se reúnen en reuniones secretas para influir en la política y la práctica de la iglesia. No se reúnen periódicamente para tomar decisiones que otros deberían seguir. No cuidan las finanzas, no dirigen el ministerio ni sirven como engranaje en una rueda de controles y equilibrios dentro de una congregación. Los diáconos aman con el corazón de Cristo, sirven con las manos de Cristo, piensan con la mente de Cristo, hablan con la voz de Cristo y caminan con los pies de Cristo. Son agentes activos del ministerio desinteresado de Cristo dentro y a través de sus iglesias locales. Juntos, no son una institución, sino un organismo. No una tabla, sino un cuerpo.

SERVIDORES EJEMPLARES

Los diáconos son los principales servidores de las iglesias de Cristo. Sin embargo, el servicio en la iglesia nunca se ha restringido a aquellos que poseen el título de diácono. La Biblia instruye a todos los miembros del Cuerpo de Cristo a servirse unos a otros. Considere las instrucciones de Pedro en 1 Pedro 4:10: "Según cada uno ha recibido un don especial, úselo sirviendo los unos a los otros como buenos administradores de la multiforme gracia de Dios" (ver también 2 Corintios 8:19, 2 Timoteo 1: 18, Filemón 1:13 y Hebreos 6:10). Es el llamado de cada cristiano servir a otros en el cuerpo de la iglesia con los dones que Dios le ha dado.

Pero el diácono ha sido llamado más allá de esta instrucción general a una posición oficial de servicio dentro de la iglesia. Todos los cristianos están llamados a realizar las acciones del servicio sacrificial. Pero el diácono está llamado a un oficio bíblico, a liderar con su ejemplo en este estándar cristiano de excelencia. Se espera que los diáconos sean líderes-siervos, modelos de lo que significa ser un buen administrador de la "variada gracia de Dios".

Cuando los miembros de su iglesia lo miran a usted, diácono, deberían ver al siervo modelo. Deben ver a alguien que dirige no por extorsión o exasperación, sino por ejemplo. Por lo tanto, el primer propósito bíblico del diácono es ser un líder ejemplar.

Mi recuerdo de él es muy vívido. Hasta el día de hoy, casi cuarenta años después, podría describirles la curva de su rostro, las arrugas del dorso de sus manos, la forma en que se le iluminaban los ojos cuando hablaba de la iglesia. Su nombre era Hermano Kendall. Era un diácono fiel en la iglesia que pastoreaba mi padre. No recuerdo muchas veces que estuve en la iglesia cuando él no

estaba. Él siempre estuvo presente. Siempre trabajando. Siempre apoyando. Siempre animando.
Siempre fiel.

El Hermano Kendall hizo una rotación en la
ruta del autobús, y cuando no era su turno de con-
ducir, siempre tenía cajas de donas esperándonos
a los niños cuando llegábamos. Cortó el césped,
pintó paredes, preparó café y enseñó en la escuela
dominical. Ayudó con los Embajadores del Reino
(RA, por sus siglas en inglés) y vino todos los días
a la Escuela Bíblica de las Vacaciones para ofrecer
su ayuda donde fuera necesario. Recuerdo haber
estrechado sus manos cálidas y firmes y recibir esa
sonrisa contagiosa de su aprobación, no aprobación de lo que había hecho, sino de quién era yo.
Para él, yo no era el hijo del pastor ni un chico al-
borotador del autobús al que había que controlar.
Sólo era Tony. Admito que, en ese momento, yo
no sabía cuánto significaba eso para mí.

El Hermano Kendall hizo las oraciones más
elocuentes. Sus pies flotaban por el suelo cuando servía la santa cena, y sus ojos sonreían a cada
persona que la recibía de su mano. Era un hombre
íntegro. Y de carácter. Y de gracia. Un domingo
por la mañana, durante el sermón de mi padre,
el Hermano Kendall exhaló su último suspiro y

silenciosamente se deslizó hacia el cielo con Jesús. Lo admito, estaba un poco asustado por eso cuando era niño (al igual que muchos más en la iglesia esa mañana). Pero sabiendo lo que sé ahora sobre el amor del Hermano Kendall por Dios y por su iglesia, no hay forma más adecuada para él de haberse deslizado hacia la eternidad. Yo quería ser como él. Todavía quiero.

LIDERAR POR INFLUENCIA

Por la naturaleza del oficio, los diáconos tienen influencia tanto posicional como relacional en la iglesia. La influencia posicional es la menos efectiva de las dos, pero sigue siendo inherente al cargo. La influencia posicional ocurre cuando alguien aprovecha un título o autoridad formal para hacer cumplir una decisión o efectuar un cambio. ¿Se imagina sacar su tarjeta de diácono y golpearla sobre la mesa frente a esa viuda chismosa? "Escucha, vas a dejar de difundir estos rumores porque soy diácono y lo dije". ¿O señalar la etiqueta con su nombre de diácono cuando ese joven rebelde del vecindario no puede quedarse quieto en su asiento? "Soy diácono y tú te quedarás quieto". Ya me contarás qué tal te ha ido.

Sin embargo, la influencia posicional es real en el diaconado. En raras ocasiones será necesario aprovechar la influencia posicional del cargo para cumplir los demás propósitos de su ministerio. Pero permítanme advertirles aquí. Estos casos son tan raros y tan graves que no debes aprovechar la influencia posicional solo como diácono. Más bien, si se quiere aprovechar la influencia posicional desde el oficio de diácono, se debe aprovechar como un cuerpo de diáconos completo con una sola voz, nunca como un diácono individual. Por ejemplo, algunos pastores pueden apoyarse en su cuerpo de diáconos en cuestiones de disciplina de la iglesia. Otros pastores pueden ver beneficios en tener un cuerpo de diáconos liderando el cargo en un proyecto ministerial o cambio de visión en toda la iglesia. Cualquiera que sea la ocasión, recuerde que la influencia posicional a menudo no es necesaria y, por lo general, no es tan efectiva como podría pensar.

Sin embargo, la influencia relacional es un gran motivador hacia un movimiento congregacional positivo. Y debido a que usted es diácono, puede establecer relaciones con las personas de su iglesia (como mínimo, las que están bajo su cuidado directo o asignación ministerial) e influir orgánicamente en ellas a través de su relación y con su ejemplo personal. Como he escrito en otro lugar, "el cristianismo es una fe cercana".[7] La invitación al liderazgo en la comunidad cristiana es ante todo una invitación a estar con nosotros—a ser nosotros. "Multiplica su ministerio—sobrepasa su vida—cuando entra en el espacio de otra persona con humildad, y con humildad, permite que esa persona entre en su espacio también".[8]

Ese es el punto óptimo de la influencia relacional. Está justo ahí, en el espacio medio de unión intencional entre un diácono y un miembro de la iglesia. Cuando los miembros de la iglesia participan en la misión porque sienten que deben hacerlo, su aceptación suele ser débil y de corta duración. Pero si se involucran porque quieren y porque respetan y aman a los que los rodean en el mismo viaje, les espera toda la vida. Los diáconos deben ser amorosos y respetuosos con los demás miembros de la iglesia, construyendo relaciones saludables e influyendo positivamente en los demás cristianos hacia la misión de la iglesia. Deben vivir en un espacio intermedio de unión intencional dentro de la iglesia a la que están llamados a servir. Los que influyen con su posición están por encima. Los que influyen a través de sus relaciones están hombro con hombro. Esto último hace que la colaboración a lo largo del camino de la fe sea recíprocamente más satisfactoria.

¿Quiere saber un secreto? Siempre está influyendo en la gente. Especialmente como alguien con un "título" en la iglesia, no se puede evitar ejercer influencia. No puedes quitarte el sombrero de diácono en el juego de pelota, en el supermercado o detrás de la pantalla del teléfono. Esté donde esté y con quién esté, está ejerciendo influencia. Con su acción o inacción, su discurso o silencio, su participación o ausencia, siempre está influyendo en las personas. Cuando aceptó el llamado al diaconado, renunció a su derecho a preguntar: "¿Quiero influir en la gente hoy?" La pregunta no es "¿Influiré?" Sino, "¿A quién?" y ¿Cómo?" En su *Now That You're A Deacon* [Ahora que eres diácono] de 1975, Howard B. Foshee articuló el principio de manera convincente: "Una vez que una persona es elegida diácono, ya no tiene la opción de dar ejemplo. La única decisión es qué tipo de ejemplo será".[9]

Aquí hay cuatro áreas de la vida de la iglesia en las que los diáconos deben liderar con su ejemplo personal.

ASISTENCIA

Pregúntele a cualquier pastor que conozca. Su idea del miembro modelo de la iglesia siempre incluye, en el nivel más básico, estar presente en las reuniones de la iglesia. Y usted, diácono, está liderando con su ejemplo. Los miembros deben estar presentes para ser parte de la vida del cuerpo de la iglesia. Quizás eso fue lo que frustró al escritor de Hebreos cuando explicó la importancia de la adoración colectiva, el estímulo y la rendición de cuentas (Hebreos 10:24-25). Cuando alguien está presente regularmente, se siente su ausencia. Cuando está ausente regularmente, su presencia resulta incómoda. Cuando los creyentes están desconectados del cuerpo de la iglesia por un tiempo, se alejan fácilmente y a menudo es difícil volver a saltar a una corriente en movimiento de la que han estado separados por un tiempo.

Su iglesia tiene un cronograma regular de actividades por una razón. Obviamente, es imposible que cada persona asista a cada servicio de adoración o reunión de la iglesia. Pero la ausencia debería ser la excepción, no la regla. Algunos miembros de la iglesia trabajan en turnos que no les permiten estar presentes todos los domingos. Otros trabajan en el extranjero 6 meses al año.

Por supuesto, enfermedades o lesiones graves impedirán que casi todo cristiano asista a la iglesia en algún momento de su vida. Como regla general, cuando los miembros de la iglesia están en la ciudad y están saludables, deben reunirse con las familias de su iglesia. Los anuncios, las declaraciones de visión, las doctrinas bíblicas y las decisiones específicas de la iglesia son comunicados semanalmente en reuniones programadas. Cuando un miembro de la iglesia a menudo está físicamente ausente de la vida corporal, corre el riesgo de estar también espiritual y relacionalmente ausente de la vida corporal.

Pero usted ya lo sabe. Eres espiritualmente maduro y estás madurando. Usted sabe muy bien que hay miembros de su congregación que vacilan constantemente entre estar comprometidos o no. Lo más probable es que sea parte de su tarea semanal o mensual acercarse y conectarse con estas ovejas descarriadas en un intento de traerlas de regreso al redil. Sabe que Dios tiene grandes planes para ellos en su iglesia. Sabe que él les ha dotado de manera única a través de la obra del Espíritu Santo, y que su iglesia necesita desesperadamente que usen esos dones para su edificación y para la gloria de Dios. Usted sabe estas cosas.

Entonces, ¿qué les está comunicando a los miembros de su iglesia mediante sus propios hábitos de asistencia? ¿Cómo su presencia o ausencia habituales influencia en los vacilantes en el cuerpo de su iglesia? Cada semana hay un millón de cosas compitiendo por su tiempo y devoción: ligas deportivas infantiles, grandes partidos de pelota profesionales, casas sucias, temporada de caza, camas calientes después de largas noches de insomnio, hermoso sol, lluvia torrencial. Las excusas son innumerables. Cada semana, las personas que usted lidera luchan contra la tentación de estar en otro lugar, en lugar de estar en la reunión de la iglesia.

¿Ven en usted un modelo de asistencia fiel? Se enfrenta a las mismas distracciones potenciales que ellos. ¿Pero está comprometido con la vida del cuerpo, como ellos deberían estar comprometidos con la vida del cuerpo? Su asistencia o ausencia regular guía a las personas a través de una influencia posicional y relacional. Está liderando con su ejemplo. Como regla general, cualquier libertad que usted ejerza con moderación, ellos la adoptarán en exceso. Les prometo esto: si hay diáconos en su cuerpo de diáconos que no se comprometen con la vida corporal de la iglesia, comenzarán a observar una sensación de desapego creciente e inmanejable entre las personas en sus bancos.

Este punto debería ser totalmente innecesario. Ojalá no fuera necesario decirlo. Sin embargo, durante casi una década he consultado con demasiados cuerpos de diáconos (generalmente, "juntas") que están poblados por funcionarios que no asisten a la iglesia. Vienen a la Escuela Dominical, pero se van antes del servicio de adoración. O dejan de asistir por completo porque no les gusta la música, la remodelación del santuario o la vestimenta informal del pastor. Es ridículo. ¿Se imagina si cada miembro de la iglesia boicoteara las reuniones de la iglesia debido a alguna vendetta o preferencia personal? Diáconos, están liderando con su ejemplo y necesitan estar más comprometidos (y más maduros espiritualmente) que esto. Honestamente, su compromiso con las actividades regulares de la iglesia es solo el comienzo. Este es un mínimo. Es literalmente el nivel más bajo de compromiso que usted puede tener como líder servidor en su iglesia. Asiste con fidelidad. No es complicado. Ahora profundicemos en las aguas más profundas del liderazgo a través del ejemplo.

PARTICIPACIÓN EN EL MINISTERIO

El mismo pastor que espera que el miembro ejemplar de la iglesia asista a los servicios también espera que el miembro ejemplar de la iglesia esté involucrado. Los miembros de la iglesia no deben simplemente sentarse y absorber, deben producir activamente algo, de acuerdo con sus dones espirituales, como parte integral del modelo ministerial de la iglesia. ¿Sirve en algún equipo ministerial? ¿Está usted activo en los proyectos misioneros de su iglesia? ¿La gente de su iglesia le ve regularmente sirviendo como un voluntario fiel? Si no lo hace, ellos no lo harán. Dirigir la iglesia desde la silla de diácono es una cuestión de modelar una buena membresía en la iglesia. Aquellas cosas que su pastor y su personal quieren que los miembros de su iglesia hagan, usted debe modelarlas consistentemente.

Se necesita de cada miembro para que la iglesia sea eficaz en su misión. Considere las palabras de Pablo a la iglesia en Éfeso: "De quien (Cristo) todo el cuerpo, bien concertado y unido entre sí por todas las coyunturas que se ayudan mutuamente, según la actividad propia de cada miembro, recibe su crecimiento para ir edificándose en amor," (Efesios 4:16). Cuando las partes del cuerpo (los miembros de la iglesia) no sirven a la misión de la iglesia usando los dones que Dios les ha otorgado, el cuerpo de la iglesia no está siendo edificado. En el mejor de los casos se estanca y, en el peor, muere. Pero ¿por qué los miembros de la iglesia darían su precioso tiempo y energía para ser parte activa de algo cuando los líderes de la iglesia no lo hacen?

Imagine los departamentos ministeriales de su iglesia como carriles en una pista de carreras. Usted tiene un carril de ministerio para niños, un carril de ministerio de música, un carril de ministerio para adultos mayores, un carril de ministerio de escuela dominical, un carril de ministerio audiovisual, etc. Mi aliento para usted, como líder de servicio, es que elija un carril y corra en él, pero no eres el dueño del carril. Los cristianos sanos y maduros discipulan, asesoran y luego liberan a otros cristianos para un ministerio significativo. No bloquean las oportunidades ministeriales ni excluyen el servicio multiplicativo.

Por ejemplo, digamos que el diácono Benny ha dirigido el tablero de sonido durante cuarenta años. El pastor John decide un domingo por la mañana usarlo como un ejemplo vivo de lo que significa ser devoto y dedicado al ministerio en la iglesia. Lleva al diácono Benny al escenario y dice: "Así es como se ve un ministerio fiel y con corazón de siervo". La congregación aplaude y el diácono Benny regresa a su puesto. ¿Qué acaba de hacer el pastor John? Celebró que en cuarenta años uno de sus diáconos nunca haya enseñado a otra persona a manejar el tablero de sonido. ¿Qué sucede cuando muere el diácono Benny? ¿Y cuántos creyentes talentosos han pasado por la iglesia en cuarenta años que podrían haber sido discipulados, asesorados, capacitados y guiados para el ministerio audiovisual ya sea en esta iglesia o en otra?

Una mejor celebración hubiera sido algo como: "En cuarenta años, el diácono Benny ha capacitado a veintitrés hombres y mujeres en el manejo del tablero de sonido, varios de los cuales realizan una rotación semanal aquí y otros participan en iglesias de toda la región. Debido a que el diácono Benny vio el ministerio audiovisual como un camino para la reproducción, su influencia se siente entre el Cuerpo de Cristo en general ahora mismo y se sentirá por las generaciones que siguen aquí en nuestra iglesia local". Esa es la manera de aprovechar la influencia relacional orientada al servicio. ¿Quién capacitará a la próxima generación de ujieres, músicos, maestros, predicadores, evangelistas y misioneros si no los diáconos de su iglesia?

Ser un diácono fiel es "ocuparse en reproducirse" a sí mismo en la vida de la siguiente generación. Como escribió un autor, "Si su cuerpo de diáconos no tiene la intención de incubar, invertir, asesorar y confiar el trabajo a la próxima generación de líderes servidores, cada avance del reino por el que ha trabajado tan duro morirá una muerte de forma lenta y dolorosa".[10] Otro ha escrito, "Como diácono, eres un líder ejemplar. Además de encontrar y utilizar sus dones para Dios, sé parte de cómo estimular los dones de los demás".[11]

Diácono, no es necesario que usted participe en todas las áreas del ministerio. Pero sí necesita encontrar un carril y correr por él. Y necesita encontrar o inventar formas de reproducirse dentro de esos carriles. Puede animar a los miembros de la iglesia a encaminarse y emprender la misión juntos hasta que te quedes sin aliento. Pero si usted no lo hace, ellos tampoco lo harán.

DIEZMAR Y OFRENDAR

El pastor espera que un miembro ejemplar de la iglesia asista a las reuniones de la iglesia y participe en el ministerio de la iglesia. ¿No cree que él también espera que el miembro ejemplar de la iglesia invierta financieramente en la obra? Su pastor puede o no ver el diezmo como una instrucción bíblica para hoy. Pero apostaría mi último dólar bautista a que tiene algún tipo de visión, basada en la instrucción bíblica, sobre cómo espera que los miembros de la iglesia administren sus recursos financieros con sacrificio y alegría. ¿Por qué los miembros de la iglesia darían con sacrificio y alegría a la obra del reino de Dios en y a través de su iglesia local si sus líderes no lo hacen?

Como diácono, debe ser modelo de buena administración de los recursos financieros que Dios le ha confiado. Su pastor aprecia su tiempo y servicio, pero seamos realistas: se necesitan recursos financieros para hacer funcionar la electricidad, financiar áreas ministeriales, planificar actividades, pagar salarios, promover visiones y operar con excelencia. Demasiados diáconos están meramente comprometidos con la obra del reino de Dios en y a través de su iglesia local. Lo que la iglesia necesita de ti no es que estés comprometido, sino que estés entregado por completo.

No estoy defendiendo ningún tipo de divulgación pública de sus ofrendas (aunque he conocido iglesias que lo hacen). Su ofrenda es entre usted, Dios y su pastor. Personalmente, creo que no se debe alardear, publicar, ni anunciar las prácticas de ofrendas del diácono. Sin embargo, cuando se pone a prueba con las expectativas de su pastor para los miembros de la iglesia, usted, diácono, debería haber excedido la marca. Los miembros de la iglesia no seleccionan a los diáconos como las organizaciones sin fines de lucro seleccionan a los miembros de la junta directiva. Usted no ocupa este puesto debido a su potencial para contribuir financieramente a la misión y visión de la iglesia de manera sustancial. No está aquí porque sea un brillante propietario de negocio, un miembro destacado de la comunidad, un recaudador de fondos comprobado o un filántropo de fortunas privadas. Estás aquí porque eres fiel a Cristo y a su iglesia, llamado por Dios y afirmado por los miembros como alguien que puede liderar con su ejemplo en un lugar oficial de servidumbre sacrificial.

Dios es dueño del ganado sobre mil colinas (Salmo 50:10). Del Señor es la tierra y todo lo que hay en ella (Salmo 24:1-2). Él ya es dueño de todo lo que tienes y de todo lo que tienen los miembros de su iglesia. Dios no está caminando por los pisos del Cielo deseando tener más dinero en la cuenta bancaria de su iglesia. Pero se mueve en los corazones de su pueblo para que le confíen cada vez más lo que ha confiado a su cuidado. Todos los recursos del cielo fluyen a través de las manos del pueblo de Cristo (Efesios 1:3). La única pregunta es hasta qué punto el pueblo de Cristo está dispuesto a vivir con las manos abiertas. El problema de su iglesia no es el déficit financiero, y su solución no es la ganancia financiera. El problema son los corazones desobedientes y la solución son las manos abiertas. Y diácono, está liderando con su ejemplo.

Uno de los mayores honores de ser seguidor de Cristo es permitir que las riquezas del cielo fluyan a través de los canales de la obediencia con liberalidad y sin obstáculos. La capacidad de contribuir a la obra del reino de Dios a través de su iglesia local es una gran bendición. Esta habilidad es, en sí misma, un regalo de Dios. Él es Aquel que "suministra semilla al sembrador y pan para su alimento," y es Él quien "suplirá y multiplicará la siembra y aumentará la cosecha de su justicia" (2 Corintios 9:10). Es sorprendente cómo las donaciones generosas a través de su iglesia local producen una devoción singular a la obra del reino de Dios. También es sorprendente cómo, no importa dónde lo guarde, su bolsillo siempre está muy cerca de su corazón. Diácono, dé con libertad. Dé generosamente. Dé con alegría. Y al hacerlo, lidere con su ejemplo.

ACTITUD (DENTRO Y FUERA DE LA CANCHA)

Hace años, vi una entrevista con un entrenador de baloncesto universitario que hablaba sobre el tipo de jugadores que reclutaba. Explicó que hay muchos niños talentosos en el juego hoy en día y decidir a quién reclutar siempre es difícil. Por eso, una de las primeras cosas que evalúa este entrenador no es la habilidad del jugador, sino su actitud. El entrenador ya sabe que el chico sabe jugar; si no, no hubiera hecho el viaje.

En cambio, observa cómo actúa el jugador hacia los árbitros, sus compañeros y el equipo contrario. Pero escucha esto. El entrenador de reclutamiento dijo que no solo observa al jugador mientras está en el juego. ¡Él también lo está mirando mientras está en el banco! Quiere que un recluta potencial sea el primero en unirse al grupo. Quiere verlo pendiente de cada palabra mientras el entrenador corrige e instruye. Quiere verlo celebrando los buenos esfuerzos de sus compañeros, respetando las decisiones del entrenador y deseando volver al juego cuando el entrenador diga que es el momento.

Si el jugador tiene una mala actitud dentro o fuera de la cancha, este entrenador universitario dice, "No lo quiero en mi equipo". Si no puede correr la cancha con buena actitud y si no puede sentarse en el banquillo con buena actitud, el jugador será una enfermedad en el equipo, no un activo. Puede que tenga un talento increíble. Puede que tenga un don natural en el juego. Pero las actitudes de los jugadores son contagiosas y este entrenador no quiere que una actitud negativa afecte a otros jugadores de su equipo.

Los diáconos deben tener una actitud positiva y alentadora tanto dentro como fuera de la cancha. En una iglesia en la que serví hace muchos años, un diácono se sentaba en la tercera fila todos los domingos con los brazos cruzados y con el ceño fruncido. Se negó a cantar las canciones, a hacer contacto visual conmigo como pastor o a votar a favor de cualquier cosa en las reuniones de negocios. Un día, en una reunión de negocios, se hizo evidente que su actitud había afectado a varios otros miembros de la congregación. Había dado un golpe de estado. Me senté y otro diácono asumió el cargo de moderador, aportando una conclusión tranquila y amable a la reunión. A la mañana siguiente, el cuerpo de diáconos llamó a su amigo y compañero diácono para responsabilizarlo. "Estás miserable aquí," dije en voz alta en esa reunión. Él lo era. La semana siguiente lo encontré en privado y le dije que me encantaría ayudarlo a encontrar una nueva iglesia en el área donde él y su familia pudieran prosperar y recuperar el gozo de su servicio a Cristo y su iglesia. Él obedeció. En la última década de su vida, él y su familia estuvieron más gozosos y nuestra iglesia tuvo más éxito en la misión de Cristo. Lo veré en el cielo algún día, y celebraremos juntos sin cesar y con júbilo.

Quizás se sorprenda de cómo su actitud puede ser contagiosa. Mantenga la cabeza fría. Niégate a mostrar negatividad sobre la dirección de tu iglesia o su liderazgo, ya sea en público o en privado. El apóstol Pablo nos instruyó acerca de este tipo de mentalidad cristiana: "Por lo demás, hermanos, todo lo que es verdadero, todo lo digno, todo lo justo, todo lo puro, todo lo amable, todo lo honorable, si hay alguna virtud o algo que merece elogio, en esto mediten" (Filipenses 4:8). Y si no puedes apoyar la dirección de la iglesia, tal vez necesites tener una conversación con el pastor. No te quedes sentado y amargado. La vida es demasiado corta y el reino de Dios es demasiado grande.

Una de las cosas más difíciles de superar como iglesia es una imagen negativa dentro del cuerpo o de la comunidad. Cada palabra negativa alimenta una imagen negativa. El lenguaje crea cultura. Por lo tanto, elija concentrarse, hablar y alentar a los demás en lo que es digno de elogio. Apuesto a que si realmente observas cómo Dios está obrando en tu iglesia, hay mucho por qué estar agradecido. Promueve esas cosas. Hable de ellas. Y observe cómo su actitud positiva, dentro y fuera de la cancha, comenzará a cambiar tanto su corazón como el de los miembros de la iglesia a quienes guía con el ejemplo.

CONCLUSIÓN

Cuando mis hijos eran pequeños, a menudo miraba hacia atrás y los veía siguiendo mis pasos, tratando incómodamente de imitar mis pasos o usar mis expresiones faciales. Fue lindo y entrañable. Ahora que son adultos jóvenes, me doy cuenta de que todavía me están mirando. Siempre. No pasa un momento en el que no los influya con mis acciones, palabras o actitudes. Oro diariamente para que si siguen mi camino, les lleve a conocer a Dios más plenamente y a amarlo más profundamente. Sé que es una gran expectativa poner sobre mi influencia, pero una gran influencia relacional conlleva una gran responsabilidad espiritual.

Diácono, lideras con tu ejemplo. La gente te está mirando. Siempre.

Siempre estás influyendo en la gente de tu congregación, lo quieras o no, y tu liderazgo ejemplar marcará el ritmo de su caminar espiritual. ¿Qué tipo de ritmo estás modelando para ellos? Si siguen tus pasos, ¿adónde los conducirás? Si alguna vez te preguntas si estás influyendo positiva o negativamente a través de tu liderazgo en la iglesia, simplemente mira los rostros y escucha las voces de quienes te rodean. Sus acciones, palabras y actitudes contarán la historia de su ejemplo de liderazgo. Bueno, malo o feo, con el tiempo te verás reflejado en ellos.

PREGUNTAS PARA REFLEXIÓN/ DISCUSIÓN EN GRUPO

1. Tómate un momento para celebrar algunas formas específicas en las que los miembros de tu iglesia son buenos sirviéndose unos a otros. Hable sobre cómo el ejemplo del cuerpo de diáconos puede haber influido en esta cultura de servidumbre bíblica.

2. En tus propias palabras, ¿cómo es que la influencia relacional es más poderosa que la influencia posicional?

3. ¿Puedes pensar en algún diácono que te haya influido positivamente en algún momento del pasado? Di el nombre de esta persona y da un breve testimonio de por qué.

4. ¿Cuándo crees que podría ser aceptable aprovechar la influencia posicional como cuerpo de diáconos?

5. Sea honesto con sus compañeros diáconos: ¿en cuál de las cuatro áreas de liderar con tu ejemplo necesitas trabajar más en este momento?

CAPÍTULO 3

Servir a la Gente

A principios de la década de los 2000, yo era un ministro joven y en desarrollo del evangelio. No lo sabía en ese momento, pero el Señor estaba formando dentro de mí una filosofía de liderazgo cristiano que moldearía la forma en que serviría a sus iglesias por el resto de mi vida. Hasta este punto, no me gustaba demasiado leer. Sabiendo esto, mi pastor me presionaba constantemente. "Los líderes son lectores," decía. Tras su recomendación, uno de los primeros libros sobre liderazgo cristiano que leí fue *Being Leaders* [Ser Líderes] por Aubrey Malphurs (2003). Ese libro dio frutos inmediatos y duraderos en mi ministerio y encendió una llama para leer libros cristianos sobre teología, ministerio y liderazgo que nada ha apagado desde entonces.

Mientras Malphurs reflexiona sobre el simple pero profundo acto de humildad de Jesús en Juan 13, sostiene que el amor es la motivación más verdadera y satisfactoria para el trabajo de los líderes servidores. Los doce discípulos lo acompañaron por toda Galilea y realizaron poderosos actos de ministerio por su cuenta. Pero a pesar de toda su formación práctica y teológica en la escuela de ministerio de la vida real de Jesús, todavía eran un montón de cabezas huecas. En armonía con los relatos del Evangelio, la lección práctica de Jesús sobre el lavado de los pies se produjo justo después de una discusión entre los discípulos sobre "quién es el mayor," (Mateo 20:24–28, Lucas 22:24–30). Jesús decidió resolver su debate no con un monólogo extenso o una corrección autorizada, sino con un acto de servicio autocrítico. Se envolvió una toalla alrededor de la cintura; se puso de rodillas; y lavó los pies sucios, apestosos, callosos y manchados de barro de sus discípulos, uno de los cuales pronto lo traicionaría hasta la muerte. Cuando Pedro argumentó, "¡Jamás me lavarás los pies!,"

Jesús respondió, "Si no te lavo, no tienes parte conmigo…Los últimos serán primeros, y los primeros, últimos… el Hijo del Hombre no vino para ser servido, sino para servir… porque les he dado ejemplo, para que como Yo les he hecho, también ustedes lo hagan". Al comentar sobre la ignominia cultural de este gesto, Malphurs escribe, "Serviremos a los demás con humildad sólo en la medida en que los amemos. Y la tierra de sus pies pondrá a prueba nuestro amor por ellos".[12] No es exagerado decir que esta cita cambió para siempre mi forma de ver el ministerio cristiano. Amar a alguien a la manera de Jesús requiere humildad, servidumbre y sacrificio. Dondequiera que voy, el pueblo de Cristo tiene los pies sucios, y rara vez me parezco más a Cristo que cuando asumo una postura de humildad para servirles con desinterés. Los diáconos tienen la rara y especial responsabilidad de servir a la iglesia de Jesús. Lavan los pies de la Esposa de Cristo mientras él la prepara para un banquete de bodas que está por llegar. ¿Qué amor es este? ¿Qué honor es el tuyo? Ámalos y les servirás; sírvele y los amarás.

En Hechos 6:2, los apóstoles le dicen a la gente que su mayor necesidad es concentrarse en la obra de predicar y dirigir en lugar de tener que "servir mesas". Tenga en cuenta que los apóstoles, sirviendo como figuras pastorales en este entorno, comenzaron este ministerio de viudas. Amaban a las viudas y querían servirlas. Los apóstoles no veían a las viudas como una carga, y no existe evidencia en el texto de que quisieran deshacerse de ellas. Querían servir a las viudas, por lo que comenzaron un ministerio para las viudas en la iglesia. Los apóstoles proporcionaban alimentos básicos diarios tanto para las viudas hebreas como para las viudas griegas entre ellas. Pero a medida que la iglesia creció, la tarea se volvió demasiado engorrosa y requería demasiado tiempo para que los apóstoles mismos la manejaran bien. Algunas sintieron que estaban siendo excluidas injustamente, y tal vez así era. Entonces, la idea de un cuerpo de diáconos del Nuevo Testamento nació en el contexto de un ministerio digno pero humilde: servir las mesas a las viudas.

No puedo enfatizar adecuadamente la importancia de esta verdad. El ministerio diaconal nació de la necesidad de servicio. Estos sietehombres no fueron elegidos como junta de diáconos, tomando decisiones para que otras personas las siguieran. Fueron elegidos para ser hombres fuertes en la fe; llenos del Espíritu; sabios en discreción; y dispuestos a enrollarse las mangas, poner los pies en el suelo y servir a la gente del cuerpo de la iglesia. El segundo propósito del diácono del Nuevo Testamento es el buen servicio de camarero a la antigua. No puedes ser un diácono con propósito si no puedes o no quieres servir desinteresadamente a la gente.

Hay varias formas prácticas en las que puede servir a los miembros como diácono. Algunos de ellos pueden sistematizarse. Otros deben ser espontáneos. Independientemente de cómo se realicen en su contexto, estas cosas no son negociables para el diácono con propósito. Considere las siguientes cinco áreas de servicio significativo.

VISITACIÓN

Durante cinco años, pastoreé una iglesia de tamaño estándar en un pueblo rural muy pequeño del este de Texas. En una pequeña ciudad un poco más grande, quince millas al norte de nosotros, había un modesto edificio de hospital, pero no era el lugar al que acudir para mucho más que unos pocos puntos o un tobillo torcido. Cuando los miembros de la iglesia ingresaban en un hospital, casi siempre viajaban dos horas al norte, una hora al este o cuarenta y cinco minutos al suroeste.

Especialmente en los primeros meses, con una congregación que envejecía, tuve que tomar una decisión. Podía visitar a todos en el hospital (y hogares de ancianos, confinados en casa, invitados, etc.) o podía estudiar y prepararme fielmente para los tres sermones que debía predicar cada semana. No pude hacer ambas cosas. Afortunadamente, solo unos meses desde que comencé mi mandato, el Hermano Irv, un diácono, llamó a las 8 a.m. un lunes por la mañana. "Predicador, voy de camino a Houston por negocios y salí dos horas antes. ¿Hay alguien a quien pueda pasar y ver por el camino?" Sentí un alivio inmediato. Una de nuestras maestras de escuela dominical había ingresado en un hospital en esa dirección la noche anterior y no había manera de que pudiera bajar a verla. Mi diácono entró en su habitación esa mañana con una sonrisa en el rostro y dijo, "Sra. Smith, el Hermano Tony quería venir esta mañana, pero no podía escaparse. Él quiere que sepas que te ama y que está orando por ti. Estoy aquí en su nombre. ¿Cómo estás?"

Durante los siguientes cinco años, mi cuerpo de diáconos se volvió cada vez más intencional en compartir conmigo las responsabilidades de las visitas. Me ayudaron a visitar residencias de ancianos, huéspedes nuevos, parejas en crisis y mucho más. Con el tiempo, los miembros de nuestra iglesia y comunidad supieron que si se encontraban en una temporada de crisis o preocupación, podían contar con un diácono de nuestra iglesia para visitarlos. Ese ministerio de presencia abrió la puerta para el avance de la Gran Comisión en nuestro pequeño pueblo más de lo que cualquiera de nosotros hubiera podido anticipar.

No hay manera de que su pastor y su personal puedan aparecer en cada hospital, hogar de ancianos, necesidad domiciliaria, celebración de hazaña, bodas, funerales, juegos deportivos y hogares de viudas y aún así poder liderar bien la iglesia. Pero los diáconos pueden ser una extensión del ministerio del pastor; el brazo largo de la simpatía, la celebración, el aliento y el amor del pastor. A menudo, los diáconos tienen prácticas de visitas programadas que son parte de un plan sistemático para garantizar que cada miembro de la iglesia sea visitado en su momento de necesidad. Pero la mayoría de las veces, las necesidades de visitas surgen inesperadamente. Sea una extensión del ministerio de su pastor apareciendo en un hospital o animando a los jóvenes o niños de su iglesia (por su nombre) en un evento deportivo. Si tienes la oportunidad, presume de tu pastor mientras estés allí. Dale sus saludos y la aseguranza de su amor hacia ellos.

Como pastor, me hizo sonreír el corazón al presentarme en un hospital y enterarme de que uno de mis diáconos ya había estado de visita. Una mañana, salí de mi oficina en el momento en que me enteré de que una de nuestras viudas, la señora Anna, había sido hospitalizada. Cuando entré por la puerta, ella dijo, "Hermano Tony, ¡qué bueno verte! El Hermano Jody (un diácono recién ordenado) acaba de irse. Se enteró de que estaba aquí y pasó a verme durante su hora de almuerzo. ¡Qué tierno!" Otras veces, recibía una llamada de un diácono que me decía, "Johnny ha tenido una semana difícil en el asilo de ancianos. No hay ninguna razón para que vayas; lo vi ayer y planeo volver mañana. Sólo quería mantenerte informado". Esos diáconos fueron un regalo de Dios no sólo para la iglesia, sino para mí personalmente. Eran una extensión de mi ministerio. Sirvieron a la gente al visitarlos. Y al hacerlo fielmente, también me sirvieron a mí.

CONTACTOS MENSUALES

Al menos el 51 por ciento de los estadounidens-
es que no asisten a ninguna iglesia dicen que
asistirían a la iglesia si los invitara personalmente
un familiar o un amigo cercano.[13] ¿No es asombroso? En términos generales, la gente de su comunidad visita su iglesia porque alguien a quien
conocen y respetan los invitó. No porque vieron
el letrero de la iglesia cuando pasaron por allí, se
toparon con el sitio web o recibieron ese folleto
colorido por correo. ¿Sabes por qué se quedan?
Porque se conectan. Piénsalo. Una de las cosas más
cálidas y alentadoras que tanto los invitados como
los miembros de la iglesia pueden decir acerca de
su iglesia es que es un lugar acogedor y amigable
donde se desarrollan relaciones profundas, du-
raderas y significativas. Obviamente, usted y yo
sabemos que esto sólo toca la superficie del val-
or real de la iglesia como grupo de creyentes que
siguen a Jesús juntos en una comunión con ideas
afines. Sin embargo, a la misma vez es innegable
que cuando las personas se sienten conectadas tanto social como espiritualmente, es más probable
que se queden, contribuyan, y crezcan.

A medida que la iglesia crece, se vuelve cada
vez más difícil para el personal de su iglesia man-

tenerse al día con todos. Si alguien se involucra sólo cuando cruza las puertas de la iglesia, será imposible construir relaciones significativas. Un domingo por la mañana, me fijé en una miembro de la iglesia a quien no había visto en mucho tiempo. Me acerqué a ella después del servicio y le dije, "Sra. Johnson, estoy muy feliz de verte hoy. Te he extrañado". Su respuesta me hizo sonreír por razones que probablemente nunca sabrá, "Gracias, pastor, el Hermano David (un diácono) ha estado manteniéndose en contacto conmigo. Me llama aproximadamente una vez por semana. Él y su esposa vinieron a buscarme esta mañana. Es tan bueno poder estar de regreso con la familia de mi iglesia". Me sorprendió gratamente saber que uno de mis diáconos y su esposa habían estado atendiendo y ministrando a esta miembro de la iglesia durante una crisis de salud prolongada. Estaba desconectado de ella personalmente. Pero debido a que este diácono era intencional en cuanto a sus contactos semanales, ella no se sentía desconectada de mí ni de la familia de su iglesia.

En varias de las iglesias en las que serví como pastor o interino, nuestros diáconos recibieron listas impresas de familias de nuestros miembros con quienes eran responsables de mantenerse conectados durante el transcurso de un mes. Algunos lo han llamado Plan de Ministerio Familiar. No es complicado. El asistente del ministerio o secretario de la iglesia imprime listas de las familias de la iglesia y las divide por el número de diáconos. Cada diácono recibe una lista cada mes y se asegura de comunicarse con cada familia de la lista mediante un mensaje de texto, una llamada telefónica, una visita domiciliaria, una tarjeta escrita a mano, etc.

REGLAS ESPECIALES:

- Mensajes de texto: (1) No envíe texto en grupo. (2) Envíe mensajes de texto únicamente entre las 9 a.m. y las 9 p.m. (3) Si existe la más mínima posibilidad de que lo que escriba sea inapropiado o se perciba como tal, no envíe ese mensaje de texto. (4) Implementar medidas de transparencia y rendición de cuentas.

- Llamada telefónica: (1) No se ofenda si la gente ignora su llamada; simplemente deje un mensaje y déjelo ahí. (2) En general, mantenga la conversación breve. (3) Elimine las distracciones a su alrededor para que pueda prestar toda su atención a la llamada.

- Visita domiciliaria: (1) Siempre llame primero. (2) No vaya solo; lleve a su cónyuge, a otro diácono o a alguien a quien esté mentoreando. (3) No pida entrar a su casa; si te invitan a pasar, genial, y si no, haz tu conexión en la puerta con una sonrisa.

- Tarjetas escritas a mano: (1) Esta será la forma más significativa de conexión para algunos. (2) Sea breve, sólo unas pocas oraciones. (3) Ofrezca una oración o una cita de las Escrituras. (4) Firme su nombre de manera legible e incluya el nombre de su iglesia.

- Eventos deportivos: Siéntese junto a la persona o familia en un evento deportivo local; allí, probablemente tendrán varias horas para ponerse al día mientras se ríen y disfrutan de la compañía de los demás.

- Intercambia los métodos: No utilices el mismo método de comunicación todos los meses. Además, considere rotar las listas para que el mismo diácono no contacte siempre a todos los miembros de la iglesia/comunidad.

Algunas iglesias dependen de su estructura de Escuela Dominical o Grupos Pequeños para las conexiones mensuales. Esto es bueno y saludable también, siempre y cuando nadie quede excluido. Independientemente de cómo elija organizarlo, es necesario contactar a cada miembro (y asistente habitual) de su congregación al menos una vez al mes. Un miembro de la iglesia a menudo necesitará conexiones más frecuentes, dependiendo de su etapa en la vida. Lo creas o no, la palabra bíblica "comunión" no significa en griego "comida compartida" o "cena en los predios de la iglesia". La comunión bíblica trata de un amor compartido, un propósito compartido, y una vida compartida. Es un sentido especial de comunidad conectada entre un grupo de creyentes nacidos de nuevo a través de Jesucristo. Ese tipo de compañerismo debe cultivarse para que crezca.

Al final de Hechos 2, cuando la iglesia experimentaba un crecimiento de conversiones todos los días, una característica de su reunión era un sentido especial de conexión. Ellos se "dedicaban… a la comunión", "todos los que habían creído estaban juntos" y "partiendo el pan en los hogares" (Hechos 2:42–47). Nuestra cultura secular nos separa, pero la cultura del reino de Cristo nos une. La iglesia debe encontrar una manera de mantenerse conectada en una cultura que nos divide constantemente. Los líderes de la iglesia deben ser intencionales al respecto. Especialmente ahora que entramos a mediados del siglo XXI, cuando el mundo se siente cada vez más pequeño debido a los avances en la tecnología y los viajes, las personas a las que estamos llamados a alcanzar a Cristo tendrán infinitas oportunidades de conectarse con grupos de afinidad de su elección.

En esas afinidades, locales o digitales, encontrarán significado, identidad, y valor. Pero la iglesia del Nuevo Testamento tiene el monopolio del sentido más verdadero de cada anhelo del alma, mientras los cristianos envuelven sus vidas en torno a la persona y la causa de Cristo, juntos.

¿Cómo deberían los líderes de la iglesia cultivar y celebrar el verdadero compañerismo bíblico? ¿Cómo deberían mantenerse en contacto mensualmente con cientos o miles de personas? Una respuesta es a través del ministerio del cuerpo de diáconos. Le animo (si aún no existe en su contexto) a idear un sistema mediante el cual pueda estar seguro de que cada miembro de su iglesia recibe contactos mensuales de alguien en el liderazgo de la iglesia. Esto no es difícil de hacer cuando la carga se reparte entre muchos. Si su iglesia no cuenta con un sistema, pregúntele a su pastor si le permitirá crear y administrar dicho sistema entre el cuerpo de diáconos. Si comienzas a conectarte mensualmente con personas de tu iglesia, te sorprenderás de su nivel de compromiso. Y serás bendecido por la interacción intencional con las personas que recorren el camino de la iglesia junto a ti.

VIUDAS Y HUÉRFANOS

El Salmo 68:5 llama a Dios "Padre de los huérfanos y defensor de las viudas". Reflexioné sobre este asombroso versículo de las Escrituras en un artículo de 2019 en Lifeway *Revista Diácono*:

> En los tiempos bíblicos, quienes no tenían herencia a menudo eran condenados al ostracismo; los huérfanos no tenían ningún apellido que reclamar y las viudas perdían su valor económico en el momento en que perdían a sus maridos. Estaban atrapados en el último peldaño de la escala social: los marginados, los peatones, los indigentes. Pero el corazón de Dios siempre ha sido tierno hacia los marginados y olvidados. ¿No es sorprendente que el Dios

de todos los tiempos se levante para ser el campeón de alguien que es derrotado por su propia identidad?

¿No es asombroso que este Dios agregue su nombre a los que no tienen nombre y confiese su amor inagotable a los no amados?[14]

¿No es humillante que Dios, en su misericordia y debido a su gran amor por las viudas y los huérfanos, nos haya invitado a unirnos a él en este digno ministerio de "religión pura y sin mancha delante de nuestro Dios" (Santiago 1:27)?

El cuidado de los huérfanos está ganando popularidad entre las generaciones más jóvenes de seguidores de Cristo, y ya era hora. Me imagino que su iglesia tiene al menos una familia dentro de su comunidad que participa de alguna manera en el cuidado de huérfanos: familias jóvenes que adoptan dentro del condado o en todo el mundo; abuelos o tías y tíos que cuidan de niños que no son propios; padres de crianza conectados con una agencia local; Empleados de Servicios de Protección al Menor (CPS, por sus siglas en inglés). ¿Como cuerpo de diáconos, has considerado patrocinar adopciones para parejas en su iglesia?

¿Organizar viajes de trabajo para mantenimiento o mejora de terrenos a familias de acogida o a un hogar infantil cristiano? ¿Voluntariado en centros de apoyo al embarazo? ¿Liderar a su iglesia a orar por los trabajadores y agencias de CPS y otras agencias en el mismo campo de trabajo? Hay muchas maneras de participar activamente en el cuidado de los huérfanos. Sólo tienes que ser intencional al respecto.

¿Qué pasa con las viudas y viudos de tu iglesia? ¿Tiene su cuerpo de diáconos un sistema para servirles y amarlos? Necesitan tu atención. Necesitan tu tiempo. Considere organizar un banquete de San Valentín para las viudas de su iglesia. Lleve uno o dos a comer con usted algunos domingos después de la iglesia. Lleve al viudo a dar un paseo un domingo por la tarde con las ventanillas abajo o a pescar. ¿Tiene él o ella necesidades especiales con las que usted pueda ayudarlo? ¿Transporte a las citas médicas? ¿Es necesario construir una rampa para sillas de ruedas para el porche delantero? ¿Qué tal algo tan simple como lavar su auto un día o programar una visita para simplemente sentarse y hablar un rato?

Servir a las viudas y a los huérfanos en y a través de su iglesia local está en la parte superior de la lista de Dios cuando se trata de vivir su fe. Entonces, descúbrelo. Comuníquese con ellos. Sírveles. Ámalos.

BENEVOLENCIA

Hace años, serví como ministro de música en una iglesia. Un miércoles por la noche me encontré con bastante rapidez en el ajetreo de la vida y el ministerio. Yo estaba muy atrás, haciendo mi recorrido final para el ensayo del coro bastante frenéticamente con lo que calculé serían sólo unos segundos de sobra. Un hombre salió de la calle y me llamó la atención, pero estaba demasiado ocupado para reconocerlo. Bryan, mi líder asociado de adoración, se detuvo detrás de mí para conocer al hombre, presentarse, y preguntarle en qué podía ayudar. Tenía hambre y, por su aspecto, es posible que no haya comido en días. No teníamos mucha comida disponible, pero Bryan lo llevó a la cocina y preparó un sándwich y algunas papitas. Se sentaron juntos a la mesa del pasillo. Mientras el hombre comía, Bryan compartió el evangelio con él en un tono muy amable y amoroso. El hombre era cristiano profesante, pero se había quedado sin hogar después de algunas malas decisiones ocupacionales y relacionales. Pasé varias veces por su mesa y escuché la conversación por partes. Los escuché reír juntos y los vi hablar profundamente a través de lo que parecían ser pensamientos serios. La última vez que pasé, Bryan tenía sus manos sobre los hombros del hombre y oraba por él una oración de gratitud y fe expectante. El vagabundo tenía sus manos abiertas y descansaba sobre sus rodillas. En sólo 30-45 minutos, todo el episodio terminó. El hombre se había ido y Bryan volvió a llenar carpetas de música. No recuerdo cómo fue la práctica del coro esa noche. Hasta el día de hoy, confío sin dudarlo en que lo más importante que sucedió esa noche no fue en mi sala de ensayo sino en la mesa del pasillo, y me lo perdí. El verdadero ministerio llamó mi atención, pero se escapó de mi corazón. Afortunadamente, Bryan estaba listo y dispuesto a ser el conducto del amor de Dios que este hombre necesitaba desesperadamente esa noche.

Quiero que entiendas que ese hombre fácilmente podría haber sido yo, tú o uno de nuestros familiares. Vanessa y yo hemos visto cómo la falta de vivienda afectó a nuestra propia familia en el pasado. Es desgarrador. La cuestión es esta: la vida es dura y la gente necesita ayuda. Aquí es donde entra la comunidad cristiana y el ministerio del diácono.

Enfréntate a la interminable realidad de las necesidades de benevolencia en la iglesia. No importa dónde esté ubicada tu iglesia y no importa el tamaño o la forma de la congregación a la que sirvas, siempre surgirán necesidades de benevolencia. Y el corazón de Dios siempre será cálido hacia los pobres y necesitados:

> Si hay un menesteroso contigo, uno de tus hermanos, en cualquiera de tus ciudades en la tierra que el Señor tu Dios te da, no endurecerás tu corazón, ni cerrarás tu mano a tu hermano pobre, (Deuteronomio 15:7)

> Pero el que tiene bienes de este mundo, y ve a su hermano en necesidad y cierra su corazón contra él, ¿cómo puede morar el amor de Dios en él? (1 Juan 3:17)

En resumen, (a) nunca serás lo suficientemente benevolente como para eliminar la necesidad de benevolencia en tu iglesia/comunidad, y (b) si tienes los medios y te niegas a satisfacer la necesidad, no es tu amor por las personas lo que está en duda, sino tu amor por Dios. En cada etapa de la vida de tu iglesia, los hermanos y hermanas tendrán necesidades de benevolencia. Debe haber una red local establecida o una estrategia de ministerio de la iglesia para satisfacer estas necesidades. Si tu iglesia no tiene un equipo de benevolencia o un ministerio de benevolencia, los diáconos lo son. Si tu iglesia tiene tal equipo o ministerio, los diáconos deben considerar trabajar estrechamente con ellos para servir a los miembros y a la comunidad en esta área. Al trabajar en una estrategia para servir a tus miembros a través de la satisfacción de las necesidades de benevolencia, aquí hay algunas preguntas que pueden ayudar a guiar su proceso:

- ¿Existe algún método para que los miembros de su iglesia hagan solicitudes de benevolencia de forma confidencial? Si es así, ¿está bien comunicado para que los miembros de su iglesia sepan adónde ir en caso de que surja la necesidad? Quizás haya un formulario para llenar en línea, una solicitud tarjeta que pueden colocar en un buzón, o una persona de contacto específica (un diácono, tal vez) con quien puedan hablar directamente. ¿Cómo recibe su iglesia fondos para necesidades de benevolencia? ¿Hay alguna partida en el presupuesto? ¿Existe un fondo designado que deba ser monitoreado? ¿Se les pide a los propios diáconos que contribuyan a ayudar en ocasiones? Debe haber algún pozo financiero identificable del cual sacar fondos cuando se hagan solicitudes.

- ¿Cómo se distribuirán los fondos? ¿Se considerarán las solicitudes de los no miembros? ¿Son apropiados los obsequios en efectivo en algunos casos, pero no en otros? ¿Hay tarjetas de regalo de gasolina o de supermercado disponibles en la oficina de la iglesia? ¿A quién se le permite dar el obsequio de benevolencia al destinatario y qué registro de estos obsequios se mantiene?

- ¿Con qué frecuencia se ayudará a alguien? ¿Existe un límite porcentual o monetario sobre cuánto la iglesia puede o está dispuesta a ayudar en un caso determinado?

- ¿Estas políticas y procedimientos están claramente establecidos en algún documento de la iglesia para reducir la probabilidad de confusión o mal manejo de manera accidental?

Si actualmente no existe claridad sobre el ministerio, el cuerpo de diáconos puede tomar la iniciativa en la organización y supervisión de los ministerios de benevolencia.

SERVICIO OCASIONAL PARA
TODA LA CONGREGACIÓN

Sea creativo en su servicio. Durante su próxima reunión de diáconos, programe un espacio de tiempo (10-15 minutos) para discutir formas creativas en las que puede servir al cuerpo de su iglesia como un grupo completo. Hazlo contextual. ¿Qué áreas de la vida del cuerpo de tu iglesia te brindan oportunidades únicas para demostrarles que los amas?

En una iglesia en la que serví como pastor, a los diáconos se les ocurrió la idea creativa de tomar un turno en la rotación de nuestros cuatro equipos de cocina de los miércoles por la noche. Las comidas de los miércoles por la noche se habían convertido en una gran parte de nuestro ministerio en la comunidad hasta tal punto que a menudo más personas asistían a las actividades del miércoles por la noche que a los servicios del domingo por la mañana. En nuestro contexto, la comida casera fue el punto clave de este cambio de paradigma en nuestra reprogramación de los miércoles por la noche. Cuatro equipos se turnaron para cocinar a lo largo del año y, después de 12 a 18 meses, estaban cansados. Entonces los diáconos decidieron tomar una rotación del miércoles por la noche para cada uno de los equipos de ese año. Frieron pescado, hicieron ensalada, frijoles horneados y panecillos, y sirvieron cada mesa con una sonrisa. La verdadera sorpresa llegó cuando las familias atravesaron la fila. El cartel normal de "$5/persona o $10/familia" todavía estaba en la mesa de entrada, pero esta noche era trabajo del asistente decirle a cada familia, "Hoy no hay ningún costo para ustedes. Los diáconos cubrieron los gastos de la comida para usted y su familia". La respuesta fue increíblemente positiva. La gratitud llegó a raudales y la gente de nuestra comunidad comenzó a ver aún más que nuestros diáconos eran servidores sacrificiales de la iglesia y la comunidad.

Lo último que desea escuchar de un miembro de la iglesia descontento es, "¿Qué hacen nuestros diáconos, de todos modos? ¿Recoger la ofrenda y repartir la Cena del Señor? ¿Eso es todo?" Ese pensamiento debe estar lejos de la mente de cualquiera que esté conectado con su iglesia. Si lo único que la gente ve que usted hace es reunirse en rincones secretos para hacer planes secretos, o reunirse a puerta cerrada para idear reglas que otras personas deben seguir, no lo está haciendo bien. Necesitan verle sirviéndoles.

Los diáconos son líderes de servicio. Puede que no siempre estén al frente de su liderazgo, pero están trabajando diligentemente entre bastidores. No es un trabajo glamoroso. No es una posición de gran autoridad. Al convertirse en diácono, no ha sido puesto sobre nadie. Más bien, ha sido colocado debajo de todo el cuerpo de la iglesia para elevarlo espiritual, física, y relacionalmente. Diácono, si está por encima del pueblo, está por debajo del oficio. Vale la pena volver a escribirlo: si está por encima de la gente, está por debajo del oficio. Cuanto más le vean los miembros de su iglesia sirviéndoles, especialmente como grupo, más captarán el espíritu de servicio que personifica su cuerpo de diáconos.

CONCLUSIÓN

La identidad de un cristiano dentro de su comunidad cristiana es un poderoso motivador para el crecimiento continuo en la fe. Como dijo Stanley Grenz hace décadas, "Nuestras historias personales nunca son unidades aisladas. Les conmueven las historias de otras personas y, en última instancia, la historia de un pueblo más amplio del que formamos parte. De hecho, es de esta historia más amplia de donde extraemos nuestras ideas de valor y significado final. En la conversión, reinterpretamos nuestra historia personal a la luz de la historia de la comunidad cristiana... Ahora somos parte de *esta* gente; estamos incorporados a *esta* comunidad".[15]

La iglesia es el Cuerpo de Cristo. Fortalecido por el Espíritu Santo, ahora es la representación física de Cristo en la tierra hasta el día en que Jesús regrese. La iglesia tiene una prerrogativa: llevar a cabo la misión de Cristo en el mundo. Debemos amar a las personas con el corazón de Jesús, ir a las personas con los pies de Jesús, servir a las personas con las manos de Jesús, y hablarles con la voz de Jesús. Como líderes de servicio, el cuerpo de diáconos de la iglesia local debe proporcionar a los miembros de la iglesia una imagen tangible de cómo se ve esto. Los diáconos deben encarnar la historia de su familia cristiana y dar su vida al servicio de *"esta* gente...*esta* comunidad".

Estoy seguro de que esta lista no es completa. Deben ser los expertos en servicio en su propio contexto. Sin embargo, sí creo que si su cuerpo de diáconos presta una atención dedicada a estas cinco áreas de servicio (visitas, contactos mensuales, viudas y huérfanos, benevolencia y servicio a toda la congregación), usted será un modelo de servidumbre cristiana para su congregación. Sea intencional al respecto. Establezca sistemas donde sea necesario. Rindamos cuentas unos a otros. Cuando se trata de la iglesia de Jesús, sólo servirás a la gente al grado en que los ames sinceramente como Cristo los ama. Y el amor sincero, semejante al de Cristo, siempre se forja en el fuego del servicio desinteresado.

PREGUNTAS PARA REFLEXIÓN/ DISCUSIÓN EN GRUPO

1. ¿Cuáles son algunas maneras en que su cuerpo de diáconos está haciendo actualmente un excelente trabajo sirviendo a su iglesia y/o comunidad? Tómese unos minutos para celebrar esas cosas.

2. Piense en cada una de las cinco áreas de servicio sugeridas en este capítulo. Si tuviera que elegir solo una o dos, ¿qué área necesita más trabajo? ¿Cuál es su próximo paso para mejorar en esta área?

3. ¿Existe algún área de servicio que sea importante para el contexto de su ministerio pero que no está mencionado en este capítulo? Si es así, ¿qué es y cómo puede comenzar a participar el cuerpo de diáconos?

4. Asegúrese de planificar una sesión en la que puedan hablar juntos como cuerpo de diáconos sobre formas creativas de servir a los miembros de su iglesia. Si tienen tiempo, discutan esto juntos ahora mismo.

5. ¿Hay personas en el cuerpo de su iglesia que usted sabe que no están conectadas (dé nombres específicos, razones, etc.)? Discuta algunas maneras en que su cuerpo de diáconos puede ser intencional para acercarse a ellos ahora. ¿Cómo puedes asegurarte de que esta desconexión no vuelva a ocurrir en el futuro?

CAPÍTULO 4

Apoye al Pastor
y al Personal

No es necesario ser un erudito bíblico para ver
que los siete hombres de Hechos 6:5 fueron elegidos para apoyar el papel pastoral de los apóstoles.
A través de un liderazgo con mentalidad de servicio, estos hombres apoyarían a los pastores de
su iglesia. Esto se evidencia especialmente en el
versículo 4, "Y nosotros nos entregaremos a la
oración y al ministerio de la palabra".

Llamémoslo como es: los apóstoles se estaban agotando. Estaban cada vez más cansados
de la obra del ministerio. Era un trabajo difícil,
largo, y emocionalmente agotador. No pudieron

mantener lo principal como lo principal porque las cosas de apoyo los estaban agotando. Necesitaban que algunos hombres los acompañaran en un papel de apoyo. Y ese es el papel al que fueron llamados los siete.

¿Alguna vez ha servido con un pastor que se ha agotado? Un estudio de Barna de noviembre de 2021 mostró que el 38 por ciento de los pastores consideraron dejar el ministerio a tiempo completo ese año. Este número representó un aumento de 9 puntos con respecto a 2020. El porcentaje fue mayor entre los pastores menores de 40 años y entre los pastores dentro de las denominaciones principales.[16] Me imagino que las estadísticas son las mismas hoy, posiblemente un poco más altas. Las razones del agotamiento pastoral son muchas, especialmente en la fase inmediata de reconstrucción de un mundo post-COVID19. La angustia emocional, la fatiga por tomar decisiones, y el agotamiento físico componen los ritmos pastorales normales y cotidianos del liderazgo, la atención relacional, la gestión del calendario y del tiempo, la oración, supervisión espiritual, cuidado del alma, etc. Ser pastor es un llamado gratificante y satisfactorio, pero es difícil. Los pastores no pueden liderar y servir a la iglesia solos. Afortunadamente, no es necesario. El tercer propósito bíblico del diácono es apoyar el ministerio del pastor y del personal de la iglesia local.

No recuerdo cuándo lo leí por primera vez, pero el paradigma de liderazgo de "puedo hacer, debería hacer, debo hacer" se ha convertido en un estándar en todos los campos organizacionales durante las últimas décadas. Es una lección de priorización y delegación. Por muy moderno y pegadizo que sea en nuestros días, el principio es antiguo. En los primeros versículos de Hechos 6, los apóstoles (nuevamente, funcionando como pastores de la iglesia de Jerusalén) aprendieron que si querían continuar teniendo éxito en el llamado de Dios en sus vidas, necesitaban priorizar sólo dos cosas: el ministerio de la oración y el ministerio de predicación/enseñanza. En palabras de James Cartwright Jr. en un artículo de la edición inaugural de 1970 de la revista *Diácono,* "Es una declaración sobre el uso inteligente del tiempo. Los apóstoles poseían un don que muchos en la iglesia no podían igualar: habían estado con Jesús. Un uso inteligente de su tiempo les sugirió que contaran esta historia 'a tiempo completo.'".[17]

Piénselo en términos de su propio pastor. Llamémoslo Pastor José. Hay un millón de cosas que el Pastor José *puede* hacer. Puede aspirar pisos, pintar paredes, construir un escenario temporal para EBV, cortar el césped, imprimir y doblar boletines, y la lista continúa. Pero sólo porque el pastor José *puede* hacer algo no significa que él *debería*. A alguien más en la iglesia le puede encantar pintar paredes o cortar el césped, y si el pastor realiza esas tareas él mismo, puede estar robándole a un miembro de la iglesia el gozo de un servicio significativo en la iglesia. Además, aunque el pastor José *pueda* construir un escenario temporal para EBV, es posible que no quieras que tus hijos salten en un escenario que él construye. Sólo digo. Quizás la carpintería sea cosa de su pastor y eso es genial. Pero si no es así, aunque él *puede,* él probablemente *no debería.*

Hay un millón de cosas que tu pastor *puede* hacer, pero significativamente menos cosas que él *debería* hacer. Los pastores generalmente deben visitar a los miembros de la iglesia, servir bien en la comunidad y asistir a reuniones de grupos pequeños y de grupos ministeriales durante todo el año. Pero sólo porque él *debería* hacer esas cosas no significa necesariamente que él *debe* hacerlo. Bíblicamente, en realidad sólo hay dos cosas que el pastor José *debe* hacer como pastor:

predicación/enseñanza y oración. Cada vez que las cosas que él *puede* hacer o las cosas que él *debería* hacer lo están alejando o haciéndolo menos efectivo en las dos cosas que *debe* hacer, la iglesia sufre, su familia sufre, y él sufre. Matt Smethurst pone la importancia de las prioridades pastorales en la perspectiva adecuada, "Al priorizar las Escrituras y la oración, los apóstoles eligen mantenerse enfocados en el bienestar espiritual de toda la iglesia, incluso cuando afirman las necesidades físicas de las helenistas. …Una iglesia sin diáconos puede carecer de salud, pero una iglesia sin predicación bíblica no puede existir. De hecho, no existe tal cosa".[18]

La iglesia necesita que su pastor sobresalga en su ministerio de la palabra y en la oración. Entonces, con todos los *puedo hacer* y *debería hacer* compitiendo por su tiempo y energía, ¿cuál es la solución? Diáconos. Por la naturaleza misma del cargo, los diáconos se encargan de hacer cosas que su pastor *puede* y/o *debería* hacer. Entonces, como diácono, estas palabras nunca deberían salir de su boca, "¿No es eso algo que el pastor *puede* hacer? … ¿No es eso algo que el pastor *debería hacer*?" Mientras sea diácono en la iglesia de Cristo, dedicará su tiempo y energía a hacer las cosas que su pastor *puede* y a veces *debería* hacer. Ése es el punto y es el gozo y el deber de nuestro cargo.

Pero la alegría de la estructura de un oficio dual no es sólo que los diáconos puedan hacer cosas en nombre de su pastor. También pueden hacer cosas con y para su pastor y su familia. Crecí en la casa de un pastor. Mi papá estaba completamente dedicado a las iglesias y las comunidades a las que servía. Todo lo que aprendí acerca de amar a las personas a la manera de Jesús, lo aprendí observando a mi papá. Pero puedo decir con confianza que algunas de las mayores expresiones de amor que sentí fuera de mi propia familia vinieron de los corazones de los diáconos que sirvieron junto a él. Me llevaron a sus casas después de la iglesia y pasaron tiempo conmigo. Vinieron a mis juegos de pelota.

Me chocaron la mano en los pasillos de la escuela. Pasaron por casa para traernos bocadillos y juguetes. Como pastor ahora, sé cuánto significó eso para mi papá. Cuando el diácono se esfuerza por amar a la familia del pastor, muestra una cantidad inconmensurable de amor y respeto por el mismo pastor.

Cuando los diáconos apoyan al pastor y al personal, es obvio. Cuando no apoyan al pastor y al personal, también es obvio. Si desea que su iglesia avance con la misión de Cristo, asaltando las puertas del infierno con la verdad del evangelio, entonces haga esto: apoye a su pastor y a su personal. No tiene que estar de acuerdo con todas las cosas que hacen. Ni siquiera tiene por qué gustarle. Pero Dios los ha llamado a ellos a liderar y a usted a servir. Si no puede apoyar la misión, visión, y dirección del personal de su iglesia, debe hablarlo con ellos. Y si el asunto es irreconciliable, debe considerar la posibilidad de renunciar silenciosamente como diácono.

En *The Deacon Ministry Handbook* [El Manual del Ministerio para el Diácono], Paul Badgett sostiene que el pastor y el diácono deben tener una relación tan estrecha, una comunidad bíblica tan sana, que la amistad sea especial entre ellos. "Demasiados pastores pueden identificarse con el salmista David, quien escribió, 'No hay quien cuide de mi vida' (Sal. 142:4 RVR60). ... La Biblia [también] dice, 'En todo tiempo ama el amigo' (Prov. 17:17). El diácono debe ser siempre un verdadero amigo de su pastor".[19] En el contexto de la amistad, aprendemos a confiar unos en otros y a escucharnos unos a otros. Todo pastor necesita hombres fieles en su vida a quienes pueda confiar no sólo la obra del ministerio sino también el cuidado de su propia alma.

Aquí hay algunas áreas de sugerencias para apoyar a su pastor y al personal. No pretenden ser integrales ni exhaustivas, pero pueden ser un buen punto de partida. Estas sugerencias nacen no sólo de las Escrituras, sino también de mi propia experiencia como hijo de pastor, miembro del personal de la iglesia, pastor, y siervo denominacional. Tómalos y corre con ellos si quieres. Haga que su objetivo sea garantizar que su pastor, personal, y sus familias sepan que cuentan con su amor y apoyo.

ÁNIMO INTENCIONAL

¿Sabe quién (usualmente) es el mayor desánimo de su pastor? Él mismo. Cada semana invierte entre 16-20 horas, en promedio, en orar, estudiar y preparar un sermón de 35 minutos. (Los pastores bi-vocacionales generalmente pueden hacerlo en aproximadamente 6-10 horas cada semana. Creo que Dios da una porción especial de gracia a aquellos que sirven como pastores bi-vocacionales. Ellos son mis héroes. La punta de la lanza.) Cada domingo por la mañana, su pastor se presenta ante el pueblo de Cristo y derrama su corazón. Y cada domingo por la tarde repite en su mente todas las cosas que esperaba decir de manera diferente, las ilustraciones en las que cometió un error, y/o la sensación de desconexión entre el púlpito y el banco. La mayoría de los pastores que conozco no necesitan ayuda para desanimarse. Lamentablemente, sin embargo, este tipo de ayuda los encuentra regularmente.

Es posible que se sorprenda (o no) de que su pastor y el personal de la iglesia reciban mucha negatividad de los miembros de la iglesia cada semana. Cada domingo, el líder de adoración escucha acerca de canciones que a algunos no les gustan y de instrumentos que otros no aprueban. Todos los miércoles, los líderes del ministerio estudiantil y de niños son bombardeados por padres que no cumplieron con una fecha límite, están preocupados por la falta de seguridad en el departamento o preferirían que su hijo no estuviera cerca del hijo de la Sra. Smith. Todos los lunes, sus asistentes administrativos reciben correos electrónicos sobre errores tipográficos u ortográficos en el boletín. Y probablemente no puedas imaginar las horas del día en que la gente llama a su pastor o pasa por su casa sólo para "decir lo que piensa".

Como pastor, un día tuve una conversación que me dejó desanimado, agotado, y abatido. Me sentí como un completo y total fracaso. Afortunadamente, un diácono mayor pasó por mi oficina sólo unos días después. Tocó la puerta, se sentó en una de las sillas frente a mi escritorio, y simplemente preguntó, "Bueno, ¿cómo está mi pastor?"

Y durante unos 30 minutos, él simplemente me afirmó y me animó. Él nunca sabrá cuán oportuno fue ese apoyo, cuán crítico fue para mi ministerio.

Diácono, su pastor y el personal de la iglesia necesitan desesperadamente su aliento. Necesitan que se tome un tiempo de su día y se conecte intencionalmente con ellos, para decirles que los amas y los apoyas. Sus familias jóvenes escuchan y ven muchas cosas que posiblemente podrían hacer que desprecien la iglesia por el resto de sus vidas. Debes contrarrestar eso. Debe acercarse a las familias de los miembros del personal de la iglesia y animarlos. Incluso cuando no es más que, "Sabes que amamos a tu papá/mamá y él/ella está haciendo un gran trabajo".

Un miembro fiel de la iglesia compartió su deseo de animar regularmente a su pastor: "Decidí que nunca criticaría a mi pastor. Quería que escuchara comentarios positivos y palabras de afirmación de mi parte. Quería que sonriera cuando me viera llegar, sabiendo que vendría a bendecirlo de alguna manera. Los pastores animados son mejores pastores para las iglesias a las que sirven".[20]

¿Su pastor sonríe cuando le ve venir? Estoy seguro de que hay cosas que hace su pastor y los miembros del personal que usted desaprueba. Eso es porque son humanos. Usted también lo es. Por lo tanto, deje esas cosas a un lado y concéntrese en las cosas que puede apoyar. No es su trabajo criticar o menospreciar al pastor y al personal. Es su trabajo apoyarlos y animarlos.

CONSEJO SABIO

El Hermano Ray era un diácono amable y considerado. Se había ganado el respeto de la congregación y de la comunidad por ser un hombre lleno de integridad y sabiduría durante muchas décadas. Una tarde, pasé por su casa y lo encontré en su jardín recogiendo guisantes. Después de una semana particularmente difícil, tenía que tomar una decisión que temía enfrentar sola. Me arrodillé a su lado y abrí mi corazón, allí mismo, en la cuarta fila de tierra. Me llevó adentro y lloramos juntos por un tiempo. Su esposa Yvonne preparó una nueva tanda de té dulce. Él no me ayudó a resolver el problema ese día, pero me escuchó y me ayudó a llorar. Él e Yvonne oraron por mí y me despidieron. Resultó que eso era exactamente lo que necesitaba. Unos días después, el Hermano Ray apareció en mi oficina y derramó en mí la sabiduría más piadosa y sincera que jamás haya recibido. No creo que nadie más hubiera podido ofrecerme el sabio consejo que compartió conmigo ese día. Mejor que nadie en ese momento de crisis, Ray conocía la historia, el contexto, las personas involucradas y la forma en que la decisión agobiaba mi alma. Caminaba con Dios y se permitió ser un conducto de la sabiduría espiritual que necesitaba.

Es probable que su pastor tenga amigos pastores, líderes asociativos y miembros de redes denominacionales a los que pueda llamar en un abrir y cerrar de ojos para recibir aliento y consejo. Pero hay muchas veces que su pastor necesita el consejo de alguien que comparte su contexto ministerial. Ese es usted. Sea el tipo de diácono al que su pastor sabe que puede acudir en busca de buenos consejos bíblicos, nunca con arrogancia u orgullo, sino siempre con una medida de humildad y respeto genuino. Sea el tipo de diácono que sabe cuándo su pastor necesita que usted le ayude a resolver un problema y cuándo sólo necesita que usted lo ayude a llorar y a orar.

CUIDADO PASTORAL

De los siete diáconos llamados en Hechos 6, sólo dos son mencionados nuevamente en la Biblia: Esteban y Felipe. Esteban era un hombre "lleno de gracia y de poder," y cuando defendió la fe públicamente sus oponentes "no podían resistir" (Hechos 6:8-10). Hechos 6–7 cuentan la historia de la valentía de Esteban al predicar el evangelio a los judíos de Jerusalén. El episodio termina con el apedreamiento del diácono Esteban, el primer mártir cristiano. ¡O, tener la fe y el valor de Esteban, el diácono predicador fiel, intrépido, y con corazón de siervo!

Hechos 7 termina con el martirio de Esteban, y luego el siguiente capítulo comienza con el momento brillante de Felipe. Aquí, un diácono que servía mesas, se convirtió en un evangelista personal lleno de fe.

Se paró frente a la fachada de las artes mágicas de Simón y luego condujo al eunuco etíope a Cristo. Felipe fue un evangelista, un predicador, y un instrumento oportuno en la mano de Dios. En Hechos 21, el apóstol Pablo y su equipo misionero viajaron desde Tiro, pasando por Tolemaida, y luego hasta Cesárea. Estaban cansados, fatigados, y agotados espiritual y emocionalmente. Felipe había visto esa mirada antes en los rostros de los apóstoles en Hechos 6. Conocía la carga que comparten los pastores y los misioneros, y sabía que necesitaban alivio, aliento y simple descanso. Entonces, el diácono evangelista Felipe les abrió su casa. Durante varios días, Felipe y su familia los cuidaron. Ellos les ministraron. Limpiaron la ropa de los misioneros, les lavaron los pies, les sirvieron la comida, y los dejaron descansar. Con solo pasar una página, Felipe, el intrépido diácono evangelista, se convirtió en Felipe, el diácono humilde, desinteresado, y hospitalario. Qué gran bendición fue para Pablo al permitirse ser usado por el Señor en un momento de cuidado pastoral muy necesario.

Su pastor y el personal de la iglesia se esfuerzan mucho por estar al lado de las personas necesitadas, escribir notas de condolencia, hacer llamadas telefónicas de aliento, y mantenerse al tanto de los últimos detalles de la última saga dramática de cada miembro de la iglesia. Y usted le ayuda con esto. Intentan mantenerse al día con ustedes, sus diáconos, amarlos, alentarlos, invertir en ustedes, y estar ahí para ayudarlos cuando más los necesiten. Este es su cuidado pastoral hacia su rebaño y es una alegría genuina. Pero ¿quién hace la labor pastoral para ellos?

¿Quién se preocupa por su pastor y los miembros de su personal cuando están enfermos, angustiados, o enfrentan una carga oportuna o una decisión difícil? Usted lo hace, diácono. Pastorear puede ser muy solitario a veces: inviertes toda tu vida en otras personas y cuando estás vacío y seco, nadie regresa a ti. Es decir, a menos que tengas un gran cuerpo de diáconos que sepa cómo cuidar a su pastor. Mi amigo Mark Dance lo ha dicho bien, "Su iglesia es más que un trabajo para su pastor, y él debería ser más que un empleado para usted".[21]

Piense de forma práctica. ¿Cómo puede asegurarse de que su pastor y

el personal de la iglesia están recibiendo el mismo cuidado pastoral que le están brindando al cuerpo de la iglesia? ¿Cómo puede el cuerpo de diáconos emplearse en ellos, amarlos, y pastorearlos mientras invierten sus vidas en tantas personas? ¿Cómo puede, como Felipe, ser usado por el Señor en momentos de cuidado pastoral tan necesario para su pastor y el personal de la iglesia?

RESPALDO PÚBLICO

El principio de la "luna de miel" es muy cierto. Los primeros seis meses a un año del mandato de un pastor son generalmente divertidos y emocionantes. Pero no pasa mucho tiempo antes de que la gente comience a recopilar quejas contra él, ya sea que las guarden para sí mismas o las compartan con otros. La congregación pronto descubre que su pastor no es perfecto, como habían supuesto, y que tiene la intención de hacer algunos cambios en la iglesia que pueden o no haber estado listos para recibir. El pastor es nuevo y tiene poco o ningún capital relacional en la congregación. El diácono, sin embargo, probablemente ha existido durante décadas y es visto como alguien entre la congregación, de buena reputación, lleno del Espíritu y de sabiduría, y capaz de hacer la tarea (Hechos 6:3). El diácono puede y debe aprovechar su equidad relacional para ayudar al pastor a tener éxito en la dirección que Dios lo ha llamado a liderar. Los diáconos deben respaldar públicamente a su pastor y la visión bíblica de su pastor para la iglesia.

En cada iglesia en la que serví como pastor o pastor interino, les dije a los diáconos que, cuando las puertas estuvieran cerradas, si así lo pensaban, necesitaba que lo dijeran. Me propuse compartir primero con los diáconos los planes, los cambios, y los giros de dirección. Si a ellos no les parecía bien, lo más probable es que tampoco lo sería para algunos miembros de la congregación. Necesitaba un lugar seguro para tantear el terreno y algunas voces confiables que hicieran preguntas inquisitivas. Dentro de esa habitación, podríamos hablar de cualquier cosa. Podríamos estar en desacuerdo abiertamente si estuviéramos en desacuerdo en amor. Como resultado, innumerables planes que he hecho a lo largo de los años fueron cambiados o redirigidos gracias a las voces reflexivas y solidarias de mis diáconos a puerta cerrada. Yo siempre les decía, "Si no está de acuerdo con algo, aquí todos debemos saberlo. Entonces, si lo piensa, debe decirlo". Pero al final de la reunión, independientemente de lo que se decidiera, salíamos con una sola mente y una sola voz. Incluso cuando a un diácono no le gustaba una decisión o dirección en particular, se esperaba que ese diácono la respaldara al 100 por ciento. Rechazo privado. Respaldo público. Y el resto de los diáconos sabían que era su trabajo responsabilizarse unos a otros de esto.

Diácono, si usted tiene alguna queja contra su pastor, llévela a él en privado. Nunca es apropiado que un diácono critique públicamente el liderazgo de su pastor. Se le dan dos cargos a la iglesia, y si están tirando en direcciones diferentes, se puede esperar una división por la mitad. Si la iglesia no siente unidad entre los diáconos y el personal, pronto se producirá una implosión.

Además, aproveche todas las oportunidades posibles para presumir de su pastor y su personal. No con condescendencia. Simplemente piense en esas cualidades que ama y aprecia en su pastor y manténgalas en alto ante sus amigos y miembros de la iglesia. Piense en aprovechar su equidad relacional en nombre del pastor. Cuanto más escuchen sus miembros elogios públicos al liderazgo de boca de los diáconos, más pensarán positivamente sobre la visión y dirección de su iglesia. Respalde públicamente a su pastor y al personal de la iglesia. Sea su animador. Recuerde siempre esta regla: elogie en público, rechace en privado. Esta es la única receta para una dirección positiva en la iglesia.

CONCLUSIÓN

Mi hijo mayor tocaba el bajo en el equipo de alabanza de nuestra iglesia. Él era un joven adolescente en ese momento, pero tenía un gran talento musical. Uno de mis diáconos, Bruce, tocaba la guitarra eléctrica a su lado. Cuarenta años los separaban, pero eran los mejores amigos. Se enviaban mensajes de texto y se hacían bromas. A veces, durante el ensayo o incluso durante un servicio, no estaba seguro de si debía corregir a mi hijo o a mi diácono. Ellos eran todo un dúo. Mi hijo sabía que este hombre lo amaba con el amor de Cristo. Eso fue hace casi diez años y mi hijo todavía recuerda la intencionalidad con la que Bruce invirtió en él, le sirvió, y le apoyó.

Cuando respondí al llamado a mi primer pastorado principal, mi hijo menor salió de la ciudad y fue enviado al campo en una etapa muy incómoda de la vida. Quería disparar (de manera deportiva) y ser un chico de campo como los demás niños de su edad, pero tenía que superar una pequeña curva de aprendizaje. Resulta que su papá (o sea, yo) podía sacar peces de los estanques llenos como todo un profesional, pero no daba ni una con el tiro, ni aunque fuera para salir de una bolsa de papel mojada. Uno de mis diáconos se conectó con él y formaron una amistad que, creo, los sorprendió a ambos. Invitaba a mi hijo a su casa una o dos veces al mes y le permitía cazar pollos, limpiarlos, y traerlos a casa. Mi hijo amaba a este diácono y sabía que el diácono lo amaba. Hasta el día de hoy todavía recuerda la forma en que este hombre y su esposa lo aprobaron, lo apoyaron, y lo amaron.

A veces, las cosas más simples que hace como diácono son las que más significan para su pastor y su personal. Quizás pueda mostrar su apoyo de otras formas creativas. Tal vez sea una cita doble con su esposa y el pastor y su esposa. Tal vez sea una simple tarjeta escrita a mano enviada por correo. Tal vez sea una parada en la oficina sólo para decir, "Te amo y estoy orgulloso de ti".

En su libro del 2017 *Levanta a Tu Pastor*, Michael Lewis y Andy Spencer aprovechan lo profundo de su amistad especial, como pastor y diácono, para ofrecer sabiduría oportuna a las iglesias locales. El libro ofrece diez formas prácticas en las que un diácono puede apoyar a su pastor mientras levanta la carga del ministerio, lo anima, lo afirma, ora por él, lo ayuda a administrar el tiempo, reúne a otros para que lo apoyen, y más.[22] El libro es un recurso maravilloso para los diáconos que esperan aprovechar su tiempo y sus relaciones para ayudar a su pastor a tener éxito. Independientemente de cómo apoye a su pastor y a su personal, asegúrese de que ellos nunca tengan que asumir su apoyo. Muéstreselo. Dígaselo. Asegúrese de que todos los demás también lo sepan. No deje lugar para que su pastor o el personal de la iglesia duden de su amor y apoyo. Asegúrese de que lo escuchen, lo vean, y lo sientan.

PREGUNTAS PARA REFLEXIÓN/ DISCUSIÓN EN GRUPO

1. ¿De qué manera apoyaban a sus pastores los siete hombres de Hechos 6?

2. ¿Cuáles son algunas formas en las que actualmente muestra apoyo a su pastor y al personal? ¿Cuáles son algunas formas creativas en las que puede empezar a hacer esto mejor?

3. ¿Su pastor o su familia asumen su apoyo o lo tienen asegurado?

4. ¿Cómo puede comenzar a desarrollar el tipo de relación con el liderazgo de su iglesia que los invitaría a pedirle consejo/orientación?

5. ¿Tiene un plan establecido para el cuidado pastoral de su pastor y el personal de la iglesia?

CAPÍTULO 5

Proteja la Paz

¿Ha estado alguna vez en Israel? Para un cristiano que vive en occidente, es uno de los viajes espiritualmente más gratificantes que pueda realizar. La Biblia cobra vida en Israel a medida que recorre los antiguos senderos de nuestra fe. Puede apoyarse en las columnas del templo de Capernaúm, sentarse en el foso de Caifás, caminar por las calles de Tel Dan, atravesar el túnel de Ezequías, orar en el Muro de los Lamentos, arrodillarte en el Jardín de Getsemaní, nadar en el manantial de Gedeón, flotar en el Mar Muerto, pasear en barco por el Mar de Galilea, y mucho más. Pero tenga cuidado con los vendedores ambulantes. Están en todas partes y saben cómo tocar la fibra sensible de usted como cristiano en el momento justo y venderle una reliquia falsa a un precio elevado.

Afortunadamente, la primera vez que viajé a Israel nuestro guía turístico también era un arqueólogo registrado. Quería desesperadamente llevarme a casa una lámpara de aceite del siglo I. Me ayudó, de un sitio a otro y de una tienda a otra, a encontrar piezas auténticas y buenas ofertas. Es cierto que todavía pagué más de lo que esperaba, pero conseguí esa lámpara de aceite que tanto deseaba. Viajó conmigo en el avión a casa, envuelta en burbujas de embalaje y asegurada con docenas de trozos de papel de embalaje. De regreso a casa, en mi oficina, la guardé en una vitrina y la coloqué en un estante donde permanece sola hasta el día de hoy. Aparte de mi esposa y yo, nadie en este lado del Atlántico ha tocado esa lámpara de aceite. Es demasiado valiosa para mí y extremadamente delicada. Entonces, tomé medidas para protegerla.

La mayoría de las cosas preciadas también son delicadas. Tal es el caso de la unidad y la paz en el cuerpo de la iglesia. Al leer las epístolas del Nuevo Testamento, resulta casi desalentador cuánta tinta y espacio se gastó para abordar los asuntos de mantener la paz y construir o proteger la unidad. Aparentemente, los cristianos del primer siglo también eran personas reales con problemas reales. Sus luchas cotidianas, las distintas etapas de su vida y sus personalidades enfrentadas dieron origen a una serie de perturbaciones en la iglesia del primer siglo.

Aparte del evangelio mismo, la posesión más preciada que puede tener una iglesia es la unidad. En Juan 17, en la noche de su traición, el Señor Jesús hizo una oración audible prolongada mientras sus once discípulos restantes escuchaban. Jesús comienza orando por sí mismo, anticipando el momento en que el Padre le restauraría la gloria que había conocido desde la eternidad pasada. En el versículo seis cambia y comienza a orar por "los hombres que me diste," es decir, sus discípulos. Él ora por su gozo completo, por protección del mal, y por un ministerio futuro santificado. Luego, en el versículo veinte, cambia nuevamente, esta vez orando, "no solo por estos, sino también por los que han de creer en mí por la palabra de ellos". En otras palabras, está orando por mí, por usted, y por cualquier otra persona que haya escuchado el evangelio y haya creído en Jesús. Jesús oró por nosotros, en voz alta, la noche de su traición, allí junto al Valle de Cedrón, de camino al Huerto de Getsemaní. ¿Qué oró? "para que todos sean uno. Como tú, oh Padre, estás en mí y yo en ti, que también ellos estén [hechos uno] en nosotros, para que el mundo crea que tú me enviaste," (Juan 17:21). No te pierdas las palabras "para que". En una sola frase, Jesús vinculó directamente la eficacia de nuestro testimonio evangélico con nuestra unidad.

El grado de nuestra unidad cristiana corresponderá, de alguna manera, al grado en que los no cristianos creen en el evangelio de Jesucristo. Sabe tan bien como yo que la unidad es sagrada, preciosa, y delicada. Si la tiene, sabe lo especial que es. Si no la tiene, no anhela nada más. La unidad no es uniformidad; no significa que todos tengamos que lucir igual, hablar igual, votar igual, y actuar igual. Unidad no es unanimidad, eso va a requerir estar de acuerdo en un 100 por ciento en cada decisión en todo momento. La unidad es un espíritu de unión bíblica santificado y lleno de gracia; unidad significa que reconocemos nuestras diferencias y nos amamos y servimos genuinamente unos a otros a través de esas diferencias mientras avanzamos juntos en el avance de la Gran Comisión.

En Hechos 6, estos siete diáconos fueron llamados por primera vez a servir porque "surgió una
queja" (Hechos 6:1) –tres palabras que ningún
diácono quiere escuchar. Cabe señalar que esta
desunión surgió en una temporada de crecimiento para la iglesia. La disputa se produjo "al multiplicarse el número de los discípulos". El conflicto
en la iglesia es real porque los problemas de la
gente son reales. Incluso en una iglesia en crecimiento, la unidad es preciada porque el conflicto
es real. El conflicto no siempre significa que una
iglesia no sea saludable. Y como veremos a lo largo de este capítulo, el conflicto a menudo presenta oportunidades para una salud aún mayor. De
hecho, una navegación saludable en los conflictos
es una señal de salud de la iglesia: "Las iglesias
saludables experimentan conflictos, los navegan
de manera saludable y bíblica, y se vuelven más
fuertes al otro lado del mismo".[23] Matt Smethurst
llama la atención sobre el peligro a largo plazo
detrás del problema a corto plazo: "De las muchas lecciones para diáconos de Hechos 6, quizás
la que más se pasa por alto es su papel estratégico
en la preservación de la unidad congregacional.
Los siete no fueron enviados simplemente para
resolver un problema alimentario. La comida fue

la ocasión, claro, pero no fue el problema más profundo. El problema más profundo fue una amenaza repentina a la unidad de la iglesia".[24] Cuando se resolvió el problema en la iglesia de Jerusalén, a través del fiel servicio de los diáconos, la iglesia experimentó un crecimiento continuo y un avance en la Gran Comisión (Hechos 6:7). Ese es el objetivo. Cuando los diáconos sirven bien, los problemas que se presentan se convierten en trampolines para el crecimiento de la iglesia y el avance del evangelio.

¿No es lamentablemente irónico que los diáconos fueron primero elegidos y ordenados como la solución al conflicto en la iglesia, pero algunos diáconos en nuestros días son la fuente de conflicto en la iglesia? Los diáconos nunca deben ser instigadores, ni siquiera parte de conflictos eclesiásticos. Tal participación es la antítesis de su propia existencia. En cambio, cuando surge un conflicto, los diáconos deben liderar el camino hacia la resolución. Desde el primer día, los diáconos han guardado la paz. La naturaleza de su servicio a la iglesia exige su disposición para resolver conflictos y redirigir a las personas a la causa de Cristo y la misión de la iglesia. El cuarto y último propósito bíblico del diácono es ser un pacificador. Para ser diácono con propósito, debe trabajar constantemente para proteger la paz.

Aquí hay cinco maneras en que usted, como diácono, puede proteger la paz dentro del cuerpo de su iglesia.

DESACTIVAR EL CONFLICTO

La mecha está encendida. Las emociones están a flor de piel. Se lanzan palabras descuidadas. Se hacen acusaciones. Y ahí está usted, estratégicamente ubicado justo en el medio de todo. Como guardián de la paz, su trabajo es calmar esta situación antes de que explote. Estas cosas suelen suceder cuando menos se lo espera. Tales conversaciones nacen en los corazones de miembros descontentos de la iglesia, se incuban en los círculos cerrados de conversaciones secretas y luego se llevan a casa sobre los pisos alfombrados de los pasillos de la iglesia o en las sillas circulares de los momentos de discusión de la Escuela Dominical. Su cuerpo de diáconos está disperso entre el cuerpo de la iglesia durante todas las actividades especiales y programadas regularmente. Ustedes son representantes del liderazgo de la iglesia en la primera línea de la guerra espiritual interpersonal. Esté siempre preparado.

¿Cómo se puede desactivar una situación así antes de que explote? Aquí hay algunas sugerencias:

- Entre en la conversación. A veces, cuando escuche una conversación tensa, si simplemente se involucra en ella, la conversación negativa se detendrá. Quizá no tenga que decir nada o quizá tenga que darle un giro positivo a la conversación. Y tiene mi permiso (como si lo necesitara) para quedarse ahí de pie torpemente hasta que alguien más se vaya. Probablemente no resolvió el conflicto, lo sé. Pero lo desactivó, al menos por ahora. Después de esa conversación, puede pedir a los principales disidentes que hablen con usted en privado para que pueda comprender mejor sus preocupaciones.

- "Señora Sally, parecía que usted y la señora Jean estaban molestas por algo esta mañana. ¿Está todo bien?"

- Aliente a los cristianos a practicar las pautas para la resolución de conflictos establecidas en Mateo 18:15–17. Si no está seguro de cómo son estos pasos, pregúntele a su pastor ahora, durante un tiempo de paz, sobre el proceso.

Mateo 18:15–17 es el plan de Jesús para la
resolución de conflictos en la iglesia. Cuando alguien le plantea un conflicto, su primera
pregunta debe ser, "¿Ha hablado con él/ella
sobre esto directamente?" Si comienza por
otro lado, por muy bien intencionado que
sea, le habrás dicho a Jesucristo que el plan
de usted para la resolución de conflictos es
mejor que el suyo. Tómense un tiempo como
cuerpo de diáconos para analizar este pasaje y
decidir juntos cómo seguir estos pasos bíblicos en medio de escenarios en tiempo real en
su iglesia.

• Cuando la preocupación es una acusación
contra el liderazgo de la iglesia, escuche con
atención y cuidado. Tenga mucho cuidado
al recibir una acusación contra un pastor de
la iglesia (ver 1 Timoteo 5:19). Si hay alguna preocupación sustancial contra su pastor,
después de preguntarle si ha hablado directamente con el pastor al respecto y le ha dado
testimonio (Mateo 18:15-17) sin resolución,
pídale al miembro de la iglesia que se absten-
ga de discutirlo con alguien más mientras se
lo comunica a la persona adecuada. Entonces debería hablar con el pastor sobre el tema

y posiblemente también con el cuerpo de diáconos.

- En ocasiones, la inquietud se basa en datos falsos o incompletos. Corrija la información falsa de manera gentil. Aprenda a hablar la verdad en amor (Efesios 4:15).

- A veces el conflicto en agitación tiene una solución sencilla. ¿Cómo puede sugerir o realizar un cambio simple que resuelva el problema de inmediato? Los diáconos de Hechos 6 se pusieron sus delantales y sirvieron las mesas. Eso resolvió el problema. ¿Qué puede hacer para arremangarse y eliminar el conflicto?

CORREGIR, REPRENDER, AMONESTAR

"Eso simplemente no es cierto," le dije a la mujer de mediana edad mientras estaba junto a su cama de hospital. "Y ahora me gustaría que llamaras a todas las personas con las que has hablado sobre esto y corrijas la información falsa que ha difundido". La estaba visitando en el hospital después de que ella experimentara un problema cardíaco leve. Cuando una miembro de la iglesia está acostada en una cama de hospital, a menudo le resulta fácil asumir un nivel de bondad comprensiva por parte de su visitante. Pero cuando su queja sobre algunas decisiones que yo había tomado fue comparada con la verdad, simplemente no estuvieron a la altura. "¡Pero he escuchado esto de varias personas!" ella insistió. Y yo respondí, "Bueno, lo que está diciendo es falso. Y la amo lo suficiente como para decirle la verdad: que al repetir esto, está difundiendo rumores falsos y perturbando el buen compañerismo de nuestra iglesia". Llamó a sus amigos esa tarde, desde su cama de hospital, y corrigió la información falsa que habían estado difundiendo.

Otro escenario no terminó tan positivamente. La segunda semana de mi liderazgo pastoral en una iglesia, la esposa de un diácono me llamó a casa. Comenzó a hablar de varios miembros de la iglesia con los que pensaba que debía tener cuidado, acusándolos de cosas que iban desde coqueteo y adulterio hasta uso de drogas y mal manejo de la ira. La detuve dos minutos después de la conversación. "Sra. Smith…Sra. Smith, lo siento, pero esto suena como chisme y realmente no quiero ser parte de eso. ¿Hay algo más de lo que quiera hablar? Colgó el teléfono inmediatamente y luego ella y su marido se propusieron arruinarme en la iglesia. Al cabo de varios meses, habían causado un gran revuelo que terminó con su propia partida sin despedidas.

Proteger la paz significa a menudo afrontar las falsedades y amonestar el pecado con una insistencia inquebrantable. Las personas de la familia de su iglesia son personas reales con problemas reales, como usted. Todos ellos están en un viaje hacia la semejanza a Cristo, al igual que usted. Y algunos tienen un largo camino por delante. Algunos de los momentos de enseñanza más significativos no ocurren en un aula, sino en un pasillo. No desde el púlpito en el altar, sino desde un sillón reclinable en una sala. No desde detrás de un megáfono, sino detrás de un teléfono.

Las personas bajo el cuidado de su cuerpo diaconal no deben ser aplacadas en su injusticia. Deben ser amados y desafiados hacia la piedad. Pablo le escribió al joven Timoteo: "Toda Escritura es inspirada por Dios y útil para enseñar, para reprender, para corregir, para instruir en justicia, a fin de que el hombre de Dios sea perfecto, equipado para toda buena obra" (2 Timoteo 3:16–17). En su libro *Liderando la Revitalización de la Iglesia* del 2022, Mark Hallock comenta sobre este pasaje y la importancia de responsabilizarnos unos a otros ante el testimonio bíblico en general: "Exponer nuestro conflicto ante las Escrituras brinda una oportunidad para que la Palabra de Dios nos haga crecer, nos enseñe, nos traiga reprensión, nos traiga corrección y para entrenarnos en los caminos de la justicia como individuos y como cuerpo de la iglesia. Sólo el Espíritu de Dios obrando a través de la Palabra de Dios puede hacer esto".[25]

No es nuestro deber evitar el conflicto, sino aceptar humildemente la "oportunidad de crecimiento" que presenta.[26] Es la responsabilidad de cada diácono (y honestamente, de cada cristiano) confrontar la injusticia o la falsedad de los miembros de la iglesia cuando surja esa oportunidad. Al hacer esto, se convierten en protectores de la paz y en instrumentos de justicia.

DAR A OTROS EL BENEFICIO DE LA DUDA

Es muy fácil llegar a conclusiones rápidas. Pero como diácono, debe negarse a tomar una decisión sobre un tema antes de escuchar a ambas partes. Proverbios 18:13 ofrece un consejo oportuno: "El que responde antes de escuchar, cosecha necedad y vergüenza". Cada vez que se hace una acusación, diácono, usted debe escuchar todos los lados del argumento antes de formular opiniones o juicios.

Esto es crucial para mantener la paz en el cuerpo de la iglesia.

Una vez, en una charla sobre autodisciplina y santidad cristiana, escuché a Jimmy Draper decir, "Todos somos capaces de cometer los peores males que podamos imaginar". Eso se me quedó grabado. A lo largo de los años he visto a muchos de mis amigos líderes cristianos caer en pecados morales y éticos que provocaron conmociones en sus comunidades de fe. El pecado es penetrante y persuasivo. Aparte de caminar en el Espíritu, cada uno de nosotros es susceptible a su atractivo, y la mayoría de nosotros somos más susceptibles en un área que en las otras. Otro lo ha dicho así: "Un hombre o una mujer sabio es alguien que sabe que no hay pecado de que él o ella no es capaz".[27] Es importante tener esto en cuenta porque la mayoría de nosotros, las fuerzas de paz, tendemos a entregar nuestro corazón a lo primero que escuchamos, especialmente si la acusación proviene de alguien a quien conocemos, amamos, y en quien confiamos. Pero incluso ellos son enteramente capaces de cometer los males que atribuyen a otro mal. Si usted va a ser un diácono que guarda la paz, no puede entregar su corazón a lo primero que escuche. Mientras ayuda a los miembros de la iglesia a leer Mateo 18:15–17, decida escuchar a todas las partes de un conflicto o no involucrarse en absoluto.

Tenga en cuenta que decidir quién está equivocado y quién tiene razón no siempre es asunto suyo. No eres un juez sino un pacificador. A menudo, no hay mucho que pueda hacer cuando recibe una queja. Ayude al cristiano a redirigir la ofensa a la oportunidad: "Lamento mucho oír esto y sólo puedo imaginar cómo te sientes. Dime, ¿cómo crees que Dios va a usar este momento/estación para moldearte y convertirte en el hombre (o mujer) cristiano que quiere que seas? O, "Dentro de cinco o diez años a partir de ahora, ¿qué quieres decir que era cierto de ti hoy mientras caminabas por esta estación?" Con una sola pregunta, ha desviado la conversación del peligro de la guerra interpersonal y la ha acercado a la oportunidad del crecimiento espiritual personal. No importa quién sea el ofensor y quién el ofendido, el objetivo siempre es el perdón y la reconciliación de ambos "lados". Eso nos lleva muy bien a la siguiente forma en que puede ayudar activamente a proteger la paz como diácono en la iglesia de Jesús.

BUSCAR LA RESTAURACIÓN EN
TODOS LOS CONFLICTOS

Habiendo pastoreado en un pueblo muy pequeño del este de Texas, soy muy consciente de la tentación de pensar que algunos conflictos son irreconciliables porque se extienden por generaciones. Sin embargo, puedo decir por experiencia que esto sólo es cierto cuando la gente niega el poder del Espíritu Santo mientras obra a través del evangelio de Jesucristo para la gloria del Padre celestial. Como dijo otro, "No podemos cambiar un corazón, sólo el Espíritu puede hacerlo, por eso queremos asumir lo mejor de nuestros hermanos y hermanas. Entonces, en lugar de pintar este panorama sombrío de que no hay esperanza para esta persona, deberíamos decir, 'Hay esperanza, porque el Señor Dios está obrando en este individuo.'"[28]

En mi trabajo relacional en toda la comunidad, pude discernir un conflicto profundamente arraigado entre dos familias en cierto pueblo de Texas. Recientemente había guiado a miembros de cada familia a Cristo y estaba discipulando a los papás en privado y personalmente. Anhelaba el día en que fueran miembros fieles de la misma iglesia. Mientras exploraba su conflicto profundamente arraigado durante varios meses, llegué a comprender que ninguna de las familias podía señalar una ocasión o instancia específica en la que comenzó su conflicto. Simplemente, por alguna razón, no se caían bien (más tarde descubrí que la raíz del conflicto tenía décadas de profundidad, entre los padres de los padres). Cada familia comenzó a asistir a los servicios de adoración y se unió a la iglesia, aunque se sentaron en lados opuestos del centro de adoración.

Un domingo, después de predicar un sermón sobre la reconciliación y la unión amorosa en el cuerpo de Cristo, vi a los papás hacer contacto visual y asentir con la cabeza al salir por la puerta. El domingo siguiente, durante el tiempo de bienvenida del servicio, mientras todos estrechaban la mano de las personas que los rodeaban, observé desde el altar cómo el esposo y la esposa de cada familia cruzaban el centro de adoración para encontrarse en el medio. En medio de los apretones de cien manos a su alrededor, los maridos y las esposas se abrazaron con un cálido abrazo y se separaron con una sonrisa. Dos semanas después, me invitaron a una de sus fiestas de cumpleaños en un restaurante local. Vanessa y yo llegamos un poco tarde y nos dirigimos a la habitación trasera, donde me sorprendió gratamente ver a las dos familias sentadas juntas en la misma mesa, riendo y disfrutando de la compañía de los demás.

Estaban más que reconciliados. Se habían hecho amigos y lo siguen siendo hasta el día de hoy.

La restauración siempre es posible mediante la obra del Espíritu Santo. Diácono, si usted no cree esto, ¿quién lo creerá? No descarte algunos conflictos como irreconciliables. Ore por sanidad en el poder del Espíritu Santo. Trabaje con los ofendidos y los infractores. Esté aferrado a las promesas de la Palabra de Dios. Y esté siempre preparado para pronunciar una palabra de aliento o exhortación cuando sea el momento adecuado.

NOTIFIQUE AL PASTOR
O AL PERSONAL

A veces, es mejor no sobrecargar a su pastor o al personal de la iglesia si un problema/conflicto es relativamente pequeño, relativamente contenido, y se resuelve rápidamente. Otras veces, es vital que el liderazgo de la iglesia tenga un conocimiento práctico de la situación. No se trata de chismes o rumores. Se trata de proteger el lado ciego de su pastor. Imagine a su pastor entrando a una re-

unión de diáconos con el corazón roto y conster-
nado porque acaba de enterarse de la disolución
de un matrimonio o de un conflicto importante
en la iglesia. Él le muestra su corazón y le dice, "Si
hubiera sabido que esto estaba sucediendo, podría haber orado por ellos o haberles aconsejado
a través de ello". Y ahí está usted, reclinado en su
asiento, pensando, "Lo supe hace tres meses pero
no dije nada".

Informar a su pastor sobre un conflicto o
un conflicto potencial en la iglesia es tan simple
como, "Pastor, ni siquiera estoy seguro de si esto
es cierto, pero pensé que querría saber que _____.
No hablaré con nadie sobre esto, y cada vez que he
escuchado el rumor, he animado a nuestra gente a
no chismear y, en cambio, a orar en secreto sobre
el asunto. Pero pensé que tal vez quiera saberlo en
caso de que se encuentre con esta persona o vea/
escuche algo preocupante".

Lo último que desea es que su pastor se
vea sorprendido por un conflicto hirviente dentro de la iglesia sobre el cual usted tenía conocimiento previo. Hebreos 13:17 dice que su pastor "vela por nuestras almas, como quienes han
de dar cuenta". Es su trabajo y su alegría trabajar
en el cuidado del alma por la salud espiritual de

los miembros individuales de la iglesia y del cuerpo en su conjunto. Pero no se puede trabajar en oración sobre algo que desconoce. En *Sobre ser Diácono*, Noble, Thistlethwaite, Von Kaenel y Hallock alientan a los diáconos a "mantener el pulso de la iglesia como los ojos y oídos de los pastores dentro del cuerpo".[29] Los diáconos pueden ser principalmente las manos y los pies del pastor, pero también pueden ser sus ojos y oídos. Pero, ¿cuánto le dice al pastor y cuándo? Aquí hay algunos principios que le ayudarán a determinar si debe o no compartir información sobre un conflicto con su pastor:

- Si el conflicto involucra a más de dos o tres personas, siempre notifique a su pastor. Por "involucra" me refiero a que esas personas participan activamente en el conflicto o conversan activamente sobre él. Es posible que su pastor no pueda hacer nada al respecto de inmediato, pero será bueno para él estar consciente de que el conflicto se está gestando. Puede que le salve de momentos vergonzosos en la conversación o de avivar las llamas de un fuego que aún no ve.

- Usted, diácono, debe hacer todo lo que esté a su alcance para ayudar a resolver el problema de acuerdo con Mateo 18:15–17. Pregunte, "¿Cómo puedo proteger la paz sirviendo a los miembros en esta situación?" "¿Hay algo que pueda hacer ahora mismo que ayude a resolver este problema?" Ese es su trabajo, como pacificador. Cuando notifica al pastor sobre un conflicto en curso, no necesariamente se lo está pasando a él. Mientras el pastor lo crea apropiado, continúe ayudando a los miembros a resolver el problema.

- Si ha intentado ayudar a las partes ofendidas a buscar la reconciliación bíblicamente, pero no ha sido efectivo, o si se resisten a la reconciliación, entonces dígaselo a su pastor. Incluso si es solo entre dos personas en la iglesia, si no están dispuestas a trabajar para lograr una resolución, busque el consejo de su pastor sobre cómo proceder.

- Si se trata de una falla moral o cualquier tipo de acción que afecte la vida corporal de toda la congregación, dígaselo a su pastor. Los fracasos morales no desaparecen y no se quedan quietos. Su pastor necesita saberlo.

- Cualquier acción que implique mal manejo de los fondos o propiedades de la iglesia, incluso si sólo una o dos personas lo saben, debe dirigirse a su pastor de inmediato.

- Cualquier conflicto que involucre a un miembro del personal de la iglesia u otro diácono debe dirigirse directa e inmediatamente a su pastor. La división en las filas oficiales es una receta para la implosión, y debe manejarse con rapidez y cuidado.

- Haga todo lo que esté a su alcance para no llamar la atención de su pastor sobre los conflictos el domingo por la mañana antes del servicio de adoración. Le prometo, si es un conflicto a las 9:00 a.m., será un conflicto a las 12:15 p.m. Necesita concentrarse en el servicio de adoración. Ayude a proteger su espíritu y su concentración esperando un momento más apropiado.

Recuerde, usted es una extensión del ministerio de su pastor. A veces eso significa ser pies que van y manos que sirven. A veces significa ser ojos que ven y oídos que escuchan. Cuando el cuerpo de diáconos funciona correctamente, manteniendo la paz de la congregación en el frente de sus mentes, el pastor puede tomar conciencia de los conflictos crecientes antes de que causen un daño irreparable dentro de la iglesia. Parte de proteger la paz significa notificar al pastor o al personal de la iglesia cuando sea apropiado. Si no está seguro, opte siempre por informar al pastor. Sin duda, demasiada comunicación puede resultar innecesaria y llevar mucho tiempo. Pero muy poca comunicación puede ser perjudicial para la vida corporal de la iglesia. Quizás esta sea la razón por la que los apóstoles dirigieron a la iglesia a seleccionar hombres que estuvieran llenos del Espíritu *y sabiduría* (Hechos 6:3). Sea un hombre lleno de sabiduría y aproveche esa sabiduría de manera apropiada al discernir cómo y cuándo informar a su pastor sobre los conflictos en la iglesia.

CONCLUSIÓN

Dietrich Bonhoeffer fue posiblemente uno de los teólogos cristianos más inspiradores e influyentes del siglo XX. Pastor y profesor alemán en Estados Unidos, dejó la seguridad de Occidente durante la Segunda Guerra Mundial para viajar a Alemania, donde compartiría el evangelio y ministraría a su propio pueblo. Allí, finalmente fue encarcelado y ejecutado por su fe cristiana. Pero en un mundo de guerra, Bonhoeffer sabía algo sobre la paz cristiana. Comentando la séptima bienaventuranza en Mateo 5:9, escribió:

> Los seguidores de Jesús han sido llamados a la paz. Cuando él los llamó, encontraron su paz, porque él es su paz. Pero ahora se les dice que no sólo deben tener la paz sino obtenerla. Y para ello renuncian a toda violencia y tumulto. En la causa de Cristo no se gana nada con tales métodos. Su reino es de paz, y el saludo mutuo de su rebaño es un saludo de paz. Sus discípulos mantienen la paz eligiendo soportar el sufrimiento ellos mismos en lugar de infligir a otros. Mantienen el compañerismo donde otros lo romperían. "Renuncian a toda autoafirmación y sufren en silencio ante el odio y el mal. Al hacerlo, vencen el mal con el bien y establecen la paz de Dios en medio de un mundo de guerra y odio. Pero en ningún lugar esa paz será más manifiesta que donde se encuentren con los malvados en paz y estén dispuestos a sufrir en sus manos.

Los pacificadores llevarán la cruz con su Señor, porque fue en la cruz donde se hizo la paz. Ahora que son partícipes en la obra de reconciliación de Cristo, se les llama hijos de Dios, ya que él es el Hijo de Dios.[30]

Como fuerzas de paz, los diáconos "llevan la cruz de su Señor". Al hacerlo, se convierten en participantes de Cristo en la "obra de la reconciliación". Allí, en ese espacio sagrado del mantenimiento de la paz, se les llama con razón hijos de Dios.

La paz dentro del Cuerpo de Cristo es más que una necesidad funcional; se trata de identidad. Se trata de caminar de manera digna de nuestro llamado en Cristo. Considera la exhortación de Pablo a la iglesia en Éfeso: "Yo, pues, prisionero del Señor, les ruego que ustedes vivan de una manera digna de la vocación con que han sido llamados. Que vivan con toda humildad y mansedumbre, con paciencia, soportándose unos a otros en amor, esforzándose por preservar la unidad del Espíritu en el vínculo de la paz" (Efesios 4:1–3). Paciencia... soportándose unos a otros... esforzándose. La simple idea de todo esto asume que el conflicto está a la vuelta de la esquina. Mantener la paz dentro del cuerpo de la iglesia es algo que requiere determinación, consistencia y paciencia. Es el alto llamado de cada diácono. Para ser un diácono con propósito, debes estar dispuesto a poner devotamente y lleno de fe el esfuerzo, la energía y el tiempo que se requieren para ser un protector diligente de la paz.

PREGUNTAS PARA REFLEXIÓN/ DISCUSIÓN EN GRUPO

1. ¿Cómo mantuvo la paz dentro del cuerpo de su iglesia el servicio de los siete hombres de Hechos 6:1-7?

2. ¿Hay conflictos surgiendo en su iglesia actualmente que podrían poner en peligro su paz y buena convivencia? ¿Cómo ha ayudado (o cómo puede ayudar) a abordar esos problemas bíblicamente?

3. Revisen juntos Mateo 18:15–17 y trabajen para acordar cómo se ve ese proceso en su iglesia.

4. ¿Ha habido un momento en que, como diácono, actuó en contra de este importante propósito de mantener la paz dentro de su ig-

lesia? (Es decir, ¿alguna vez ha sido parte del problema en lugar de parte de la solución?) Confiese ahora y busque perdón y reconciliación dentro de su cuerpo de diáconos. Observe y aprenda de primera mano cómo el amor de Jesús cubre toda ofensa y trae reconciliación entre los santos.

5. Hablen juntos sobre los puntos destacados bajo el subtítulo "Desactivar el Conflicto," en las páginas 58–59. ¿Puede dar un ejemplo personal que ilustre uno de estos puntos?

CAPÍTULO 6

Carácter y Propósito

¿Quién está calificado para ser diácono? ¿Cuáles son esas cualificaciones y por qué importan? Nuestro estudio de caso para *Un Diácono con Propósito* ha sido Hechos 6:1–7. Como se evidencia en el versículo tres, se enumeraron seis calificaciones para la consideración de la congregación de Jerusalén.

(1) "Escojan de entre ustedes". Los escogidos para servir en esta capacidad oficial eran de entre la congregación. Eran conocidos y estaban activamente involucrados en la vida de la iglesia. No se trataba de un concurso de popularidad, sino que

los siete debían ser una parte conocida, reconocida, y activa del cuerpo de la iglesia.

(2) "Siete hombres". La congregación de Jerusalén debía seleccionar "siete hombres". Se ha argumentado mucho a favor de que mujeres piadosas y con corazón de siervas ocupen el cargo de diácono, con precedentes históricos demostrables y creciente popularidad en los círculos bautistas del siglo veintiuno. En su libro de 2021 *Diáconos: Cómo Sirven y Fortalecen la Iglesia*, Matt Smethurst presenta un caso bíblico caritativo y honesto para ambas convicciones, explicando las razones típicas por las cuales las iglesias creen que el cargo de diácono está abierto o no a mujeres calificadas.[31] Yo discrepo de la conclusión de Smethurst, permaneciendo inconmovido por los argumentos bíblicos en afirmación. Estoy convencido de que un diaconado exclusivamente masculino representa la lectura más directa de los textos bíblicos. Sin embargo, vale la pena mencionar que algunos de mis amigos Bautistas más confiables, respetados y teológicamente conservadores llegan a una convicción distinta en este asunto. Que las mujeres piadosas y con corazón de siervas ocupen el cargo de diácono no es algo por lo que lucharía hasta el final. Pero en la medida en que Hechos 6:1–7 es

fundamental para el cargo de diácono, al menos en Hechos 6:3, la cualificación para un diaconado exclusivamente masculino en la iglesia de Jerusalén del primer siglo es difícil de negar.

(3) "De buena reputación". No todos los hombres presentes calificarían. Deben tener una buena reputación. Es decir, los hombres deben ser tanto bien conocidos como bien respetados. La celebridad y la prominencia no eran el problema. La fidelidad a Cristo lo era. La palabra griega aquí es *martureo*, la raíz de nuestra palabra moderna "mártir," que se traduce comúnmente como "testigo" en el Nuevo Testamento. Los hombres deben ser bien conocidos como testigos fieles del evangelio de Jesucristo, en palabra y acción, sin importar el costo. Su andar cristiano debía coincidir con su hablar cristiano.

(4) "Llenos del Espíritu Santo". Los cristianos de hoy a menudo tienen dificultades para entender exactamente qué significa "lleno del Espíritu Santo". Sin embargo, la congregación de Hechos 6 sabía exactamente qué buscar. En Hechos 2:4, los 120 creyentes fueron todos "llenos del Espíritu Santo" y comenzaron a testificar sobrenatural y poderosamente del evangelio de Jesucristo en otros idiomas conocidos. Compartieron el evan-

gelio uno a uno todo el día con aquellos que se acercaban, y tres mil almas fueron bautizadas. En Hechos 4:31, la iglesia celebró una reunión de oración durante la cual la tierra tembló físicamente, y todos fueron "llenos del Espíritu Santo" y comenzaron a compartir el evangelio incluso más audazmente que antes ante la persecución. La congregación de Jerusalén debía buscar un testimonio del evangelio consistente, devoto, audaz, y guiado por el Espíritu en los hombres que seleccionarían para servirles como diáconos. Y todos sabían muy bien cómo se veía eso.

(5) "Llenos... de sabiduría". La diferencia entre conocimiento y sabiduría es importante. El conocimiento se refiere a lo que sabes. La sabiduría se refiere a lo que haces con lo que sabes. Estos hombres no solo debían saber cosas acerca de Cristo y el camino de Dios. Ellos iban a aplicar apropiadamente ese conocimiento en su caminar diario con Jesús. Ocupar el cargo de diácono requeriría la adecuada y prudente aplicación del conocimiento bíblico. Necesitaban ser "llenos... de sabiduría".

(6) "A quienes podamos encargar esta tarea". Los hombres necesitaban ser capaces y estar dispuestos. Los diáconos de la iglesia de Jerusalén

no estarían sentados en una sala trasera tomando decisiones para que otros las siguieran. Estarían sirviendo activa, constante, y desinteresadamente al cuerpo de la iglesia.

Las seis calificaciones de Hechos 6:3 son bastante convincentes, si me preguntas. En una sola oración, los apóstoles dieron a la congregación de Jerusalén seis credenciales claras y distintas. Y, honestamente, no es una lista tan complicada. En su libro de 2019, *Ser un Diácono*, el Pastor Mark Hallock y varios de sus diáconos resumieron el tema de la calificación en 5 marcas simples: Amor por Dios, Amor por las Personas, Humildad, Flexibilidad y Sacrificio.[32] No es más complicado que eso.

Otro pasaje informa lo que comúnmente se entiende como una lista de cualificaciones para diáconos: 1 Timoteo 3:8–13. Sostengo que este pasaje no es tanto una lista de comprobación de las cualificaciones como una descripción de los rasgos de carácter que se esperan tanto de los que están bajo consideración como de los que continúan sirviendo. Si eres un diácono en la iglesia de Cristo, estas cualidades no deberían haber sido meramente un examen de entrada al cargo. Más bien, cada uno de estos rasgos de carácter deberían ser tuyos y estar en aumento. Este pasaje describe el carácter de un diácono que sirve bien en el cargo. Ahora dirigimos nuestra atención a este pasaje de la Escritura con la esperanza de que podamos ver cómo el carácter de un diácono está tan estrechamente relacionado con el propósito de un diácono.

> De la misma manera, también los diáconos deben ser dignos, de una sola palabra, no dados al mucho vino, ni amantes de ganancias deshonestas, sino guardando el misterio de la fe con limpia conciencia. Que también estos sean sometidos a prueba primero, y si son irreprensibles, que entonces sirvan como diáconos. De igual manera, las mujeres deben ser dignas, no calumniadoras, sino sobrias, fieles en todo. Que los diáconos sean maridos de una sola mujer, y que gobiernen bien sus hijos y sus propias casas. Pues los que han servido bien como diáconos obtienen para sí una posición honrosa y gran confianza en la fe que es en Cristo Jesús. (1 Timoteo 3:8-13)

Este pasaje se consulta a menudo cuando una iglesia está considerando nuevos candidatos para el diaconado. Con razón. Ciertamente, estas cualidades deben ser evidentes mucho antes de que se mencione un nombre como candidato. Si necesitas una posición o un título para hacer desinteresadamente el trabajo de un diácono, no estás calificado.

En este capítulo final, examinemos los diversos componentes de este pasaje.

DIGNOS (V.8)

La séptima "ley irrefutable del liderazgo" de John Maxwell es la "ley del respeto". "Cuando los líderes son respetados y piden compromiso, su gente da un paso al frente y se suma," escribe. "Cuando los líderes respetados piden un cambio, los seguidores lo aceptan de buena gana. Pero cuando los líderes que no son respetados piden compromiso o cambio, la gente duda, cuestiona, pone excusas o simplemente se aleja. Es muy difícil para un líder que no se ha ganado el respeto lograr que otras personas lo sigan".[33] Los diáconos deben ser "dignos de respeto". Los miembros de la iglesia y la comunidad los consideran personas sabias y dignas de confianza. Los miembros de la iglesia no seguirán a los líderes que consideren que no son dignos de confianza. Por esta razón, los diáconos deben tener una buena relación con la comunidad y el cuerpo de la iglesia.

Cabe destacar que la gramática del texto original acentúa la calidad de la persona (*"digno de* respeto") en lugar de la disposición de los demás hacia él ("respetado"). El énfasis no está en si alguien es respetado, sino en la calidad de respetabilidad del individuo. La pregunta para un diácono o candidato a diácono no es, "¿Es respetada esta persona?", sino, "¿Es respetable esta persona?" ¿El diácono *merece* el respeto dado? Los diáconos no deben ser llamados ni ordenados simplemente porque son respetados. Sólo aquellos cuyo carácter en Cristo es *digno* de respeto deben ser considerados.

La reputación de la iglesia en la comunidad a menudo está directamente relacionada con la reputación de sus diáconos en la comunidad. Recibí una llamada telefónica un martes por la tarde del administrador de la ciudad de un pueblo donde estaba pastoreando por una temporada corta. Comenzó, "Dr. Wolfe, uno de sus diáconos acaba de…" y contó una terrible historia de cómo este hombre engañó, mintió, y menospreció al administrador de la ciudad en un determinado trabajo. Luego precedió a contarme cómo la iglesia tenía una reputación negativa en la comunidad por cosas como esta. Lo dejé ventilar y luego le pregunté el nombre del diácono. Cuando me dijo el nombre, suspiré aliviado. Esta persona no era diácono en la iglesia. De hecho, ni siquiera era miembro activo. Pero se entendió bien el punto de que dondequiera que vayan, los líderes percibidos en la iglesia llevan consigo el poder de construir o derribar la reputación de la congregación.

Los diáconos deben ser irreprensibles. Pedro instruyó a los lectores cristianos dispersos en una cultura impía a testificar de Cristo "con mansedumbre y reverencia teniendo buena conciencia, para que en aquello en que son calumniados, sean avergonzados los que hablan mal de la buena conducta de ustedes en Cristo" (1 Pedro 3:16). Si el diácono ha de predicar con el ejemplo, su carácter cristiano debe ser evidente tanto dentro como fuera del cuerpo de la iglesia.

SINCERIDAD (V.8)

La Biblia de Las Américas lo traduce como "de una sola palabra". La palabra es *dialogos*, literalmente, "doblez de lengua". Eso es lo que hacen los hipócritas. Dicen una cosa, pero significa otra. Tienen dos estándares en sus palabras y acciones: un estándar para ellos mismos y un estándar diferente para los demás. La conveniencia y el contexto deciden lo que está bien o mal, según lo que más les beneficie en ese momento. Tener dos estándares les permite parecer siempre rectos según su propia medida y poseer el poder de juzgar hacia los demás según una medida diferente. Hipócritas. La respuesta más frecuente que recibo cuando le pregunto a una persona que no asiste a la iglesia por qué no asiste a ella, "La iglesia está llena de hipócritas". En cierto nivel, esta afirmación es cierta. Ninguno de nosotros vive perfectamente según los estándares cristianos que confesamos, enseñamos, y predicamos. Pero cuando el diácono falla en su carácter cristiano, lo admite, se disculpa, y crece a partir de ello. La sinceridad de un diácono contrasta marcadamente con la hipocresía cristiana casual.

El Señor estaba obrando poderosamente en el pequeño pueblo donde yo pastoreaba. Comencé a reunirme con un joven que había sido trasladado allí para trabajar en la compañía eléctrica como liniero. Se arrepintió del pecado y puso su fe en Jesucristo y lo bauticé el domingo siguiente.

Luego lo discipulé durante varios meses. Apenas unas semanas después de nuestro camino de discipulado, me llamó llorando una tarde tormentosa. Estaba trabajando en una línea afuera de una gasolinera que era propiedad de uno de mis diáconos. La electricidad llevaba horas cortada a causa de la fuerte tormenta que atravesaba el lugar. Él y los demás linieros estaban haciendo lo mejor que podían. Mi diácono, al no ver el rostro del hombre, salió bajo la lluvia y lo maldijo de arriba abajo del poste de energía. El nuevo cristiano entró en su camioneta y me llamó de inmediato. Estaba llorando, obviamente angustiado. Anteriormente había admirado a este diácono como modelo de fe y fidelidad en Cristo. Me contó lo que pasó y luego dijo, "Si eso es ser cristiano, no quiero tener nada que ver con eso".

Le di algunos consejos rápidos y lo calmé. Cuando colgamos, llamé inmediatamente al diácono y le conté sobre la conversación. Sin decir una palabra me colgó. Preocupado, lo dejé ahí por un rato y finalmente me volvió a llamar. Cuando me colgó, salió bajo la lluvia torrencial, golpeó la ventana del camión de trabajo de este joven y lloró incontrolablemente mientras pedía perdón. El nuevo cristiano me contó todo el episodio cuando hablamos más tarde. Cuando el diácono me devolvió la llamada, me dijo, "Pastor, necesito renunciar como diácono. Le he fallado a Jesús, le he fallado a mi iglesia y te he fallado a ti". Le respondí, "No, señor. Este joven no necesita hacerse la idea de que los cristianos maduros son perfectos. Más bien, necesita ver que cuando fallan y pecan, lo reconocen, se arrepienten, y restauran. Eso es lo que has hecho". Oré con el diácono por teléfono y en la reunión de discipulado de la semana siguiente, me alegró saber que él y el joven habían hablado varias veces desde aquella noche de tormenta. En los meses siguientes, se hicieron amigos cercanos y la tutoría del joven cristiano pasó de mí a este diácono que continuó derramando su vida en el creciente seguidor de Cristo.

En los cuatro propósitos de la posición de diácono (liderar, servir, apoyar, y proteger) la sinceridad es vital. Si hay una hipocresía obvia en el cuerpo de diáconos, si hay algún tipo de doble estándar, entonces los cuatro propósitos bíblicos serán socavados. No se puede predicar con el ejemplo sin sinceridad. No se puede servir a los miembros sin sinceridad. No se puede apoyar al pastor y al personal de la iglesia sin sinceridad. No se puede proteger la paz sin sinceridad. El grado de sinceridad de un diácono se correlaciona directamente con el grado de su eficacia en el ministerio.

SOBRIEDAD (V.8)

"No dados al mucho vino" es la norma bíblica de los hábitos de consumo de un diácono. El diácono no debe ser un borracho. No adicto. Literalmente, "No dado al mucho vino". Con mayor frecuencia en el Nuevo Testamento, las mismas palabras se traducen en un lenguaje de advertencia como "alerta" o "tenga cuidado". Las Escrituras están repletas de advertencias de este tipo sobre el consumo de alcohol. Quizás Proverbios 20:1 sea más familiar: "El vino es escarnecedor, la bebida fuerte alborotadora, y cualquiera que con ellos se embriaga no es sabio". Una gran cantidad de escrituras del Antiguo Testamento describen el alcohol y su consumo como algo corrupto y agente corruptor (Proverbios 23:21; Isaías 5:11, 19:14; Joel 1:5; Habacuc 2:15; Oseas 4:11). Efesios 5:18 yuxtapone la búsqueda digna de sed llenos del Espíritu con el libertinaje de estar embriagados con el vino. Gálatas 5:19-21 enumera la embriaguez junto con la inmoralidad, la idolatría, enojos, y "cosas semejantes" como "obras de la carne". Pablo escribe: "Contra las cuales les advierto".

Otros pasajes bíblicos mencionan el vino o las bebidas fuertes con una connotación positiva (Números 18:12; Salmo 104:14–15; Mateo 9:17; Juan 2:10–11; 1 Timoteo 5:23). Aquí, el espacio y el propósito no garantizan ni permiten detallar una teología bíblica del consumo de alcohol. Sin embargo, lo que queda claro en 1 Timoteo 3:3 y 3:8, entre otros pasajes, es que la Biblia ofrece una clara advertencia sobre el consumo para quienes ocupan cargos bíblicos. Si los diáconos consumen alcohol, de ninguna manera deben verse afectados mental o socialmente por ello. Tampoco deberían ser adictos a él. Lejos esté de mí prohibir de manera legalista cualquier cosa que las Escrituras no restrinjan explícitamente. Al mismo tiempo, una hermenéutica bíblica responsable requiere las advertencias más enérgicas cuando se trata del ejercicio de la libertad cristiana en esta área.

En *Lidera como Jesús*, Ken Blanchard y Philip Hodges ofrecen un comentario cuidadoso sobre la naturaleza de la adicción a cualquier sustancia o actividad que se automedica. "Las adicciones, tanto positivas como negativas, comienzan como un intento voluntario o una elección de experi-

mentar algo deseable y terminan como una com-
pulsión que se vuelve continuamente más fuerte
y fuera de control. Cuando buscamos seguridad
respecto del dolor y la pérdida de autoestima en
cosas riesgosas... nos hacemos vulnerables a la
ansiedad y el miedo como fuerzas poderosas que
determinan nuestra manera de pensar y nuestro
comportamiento".[34] Ya sea que tengamos bajos
niveles emocionales o altos de adrenalina, todos
tendemos a automedicarnos en lugar de encontrar consuelo solo en Cristo, solo por su Espíritu.
Lo que queda claro en el texto de las Escrituras es
que el consumo de alcohol es uno de esos com-
portamientos "de riesgo" que, si no se someten
adecuadamente a la autoridad de Cristo, pueden
privar a una persona del gozo e inhibir su capacidad para pensar con claridad y actuar apropiadamente cuando está bajo la influencia, o incluso
cuando desea la sustancia. Personalmente, elijo
no consumir alcohol en absoluto. Simplemente
no lo necesito, y ejercer esa libertad en Cristo es
algo a lo que estoy preparado y dispuesto a renunciar si de alguna manera pudiera causar tropiezo
a quienes me rodean. Sin embargo, admito fácilmente que esta es mi convicción personal, no un
mandato bíblico. Las políticas de diáconos de al-

gunas iglesias requieren una abstinencia total para ocupar el cargo. Otros permiten una moderación cuidadosa. De cualquier manera, la sobriedad es el estándar. En todo momento, ya sea en público o en privado, el diácono debe tener pleno control de su facultad mental, "lleno de Espíritu y de sabiduría" (Hechos 6:3).

GENEROSIDAD (V.8)

En el mundo occidental contemporáneo hemos caído en la trampa de creer que más es mejor. Como escribe Richard Foster en *Celebración de la Disciplina*, "El héroe moderno es el niño pobre que se hace rico a propósito, en lugar del niño rico que se vuelve pobre voluntariamente". En nuestra "sociedad de consumo", continúa, "a la codicia la llamamos ambición. Al acaparamiento lo llamamos prudencia. A la avaricia la llamamos industria".[35]

Es sorprendente cómo, sin importar dónde lo guardes, tu bolsillo siempre está tan cerca de tu corazón. El diácono no puede ser "amante de ganancias deshonestas," escribe el apóstol Pablo. La codicia es un mal motivador para cualquier cosa. Pero la generosidad es el archienemigo de la codicia. Hay algo especial en la generosidad cuando

se trata de dar para el reino de Dios a través de la
iglesia; crea dentro de ti una devoción singular a
la Gran Comisión.

Quizás uno de los versículos de la Biblia más
incomprendidos sea una breve frase en medio del
Sermón del Monte de Jesús: "Porque donde esté
tu tesoro, allí estará también tu corazón" (Mateo
6:21). A menudo escucho a un maestro o predicador de la Biblia interpretar este versículo como
si sugiriera que cuando amas algo lo suficiente,
inviertes en él—inviertes en lo que amas. Pero
el punto de Jesús es exactamente lo contrario.
Cuanto más inviertes en algo, más lo amas—amas
aquello en lo que inviertes. Sabes que esto es cierto de tus propias experiencias. Cuanto más tiempo, dinero y energía dedicas a una relación, un
pasatiempo, un trabajo o una organización, más
no podrás imaginar tu vida sin ellos. Cuanto más
inviertes en algo, más comprometido estás con
ello. Llegamos a estar en deuda con aquello en lo
que invertimos sacrificialmente.

Imagínese, diácono, invertir con sacrificio
en la salud a largo plazo de su iglesia local y en
la gloria de Cristo a través del avance del evangelio hasta los confines de la tierra. Imagínese,
durante muchas décadas, dedicar su tiempo, re-

cursos, energía y afectos al buen trabajo que Dios está haciendo en y a través de su iglesia. Cuanto más invierte y cuanto más tiempo invierte, más intensamente llegará a amar. Este es el punto de Jesús. "Donde esté tu tesoro, allí estará también tu corazón».

¿En qué está invirtiendo? Las inversiones generosas en el reino de Dios producen una cosecha eterna. Tenga esto en cuenta cuando se trata de avaricia y generosidad: los campos sin sembrar producen principalmente malezas. Quizás una mirada de cerca a los cultivos que está produciendo, como diácono o como cuerpo de diáconos, dará testimonio del tipo y medida de la siembra que ha estado haciendo. El diácono no puede predicar con el ejemplo, servir a los miembros, apoyar al personal o proteger la paz cuando su corazón está endurecido por la codicia. Debe ser un dador generoso.

CONVICCIÓN (V. 9)

En cada generación, "guardando el misterio de la fe con limpia conciencia" es un rasgo de carácter no negociable para el diácono con propósito. Los cristianos que hoy tienen una fe muy joven se enfrentarán a muchas preguntas sobre la confiabilidad de la Palabra de Dios, la historicidad de las afirmaciones bíblicas y la validez de sus experiencias espirituales personales. A medida que avanza el siglo XXI, el individualismo radicalmente expresivo está usurpando tanto lo atemporal como la verdad (modernismo) y el constructivismo social orientado a la causa (posmodernismo) como estándar último de la realidad. "El yo moderno asume la autoridad de los sentimientos internos y ve la autenticidad definida por la capacidad de darles expresión social," escribe Carl R. Trueman en su libro de 2022: *Strange New World* [Nuevo mundo extraño]. Este patrón de "individualismo expresivo," explica, "es la forma normativa de pensar".[36] Ahora más que nunca, se está cuestionando la naturaleza de la verdad bíblica y su autoridad en la vida de las personas. Los diáconos deben estar seguros en su fe bíblica, "mirándote a ti mismo," para que no les sobrevenga la misma tentación de negar o manipular la verdad bíblica (Gálatas 6:1).

Tenemos un enemigo astuto y persistente. Él es el padre de la mentira y el engañador de los hermanos (Juan 8:44). Él es el gobernante de la potestad del aire, vagando como un león buscando presas desprevenidas y débiles para devorar

(Efesios 2:2, 1 Pedro 5:8). Cuando los cristianos son designados para un cargo en la iglesia, colorea una diana de color rojo brillante en sus espaldas, tensa su arco y lanza sus feroces dardos con precisión despiadada. Si no se puede blandir el escudo de la fe, se producirán heridas y vergüenza.

Cuando venimos a Cristo y somos nutridos/discipulados por creyentes más maduros espiritualmente, la inocencia y la maravilla de la fe cristiana cautivarán nuestros corazones y llenarán nuestras mentes. Esto es maravillosamente inocente y poderosamente cautivador. Como el endemoniado geraseno, la esponjosidad de la nueva fe en Cristo anhela sentarse y empaparse en su presencia, pero el Señor nos obliga a ir y crecer en nuestro testimonio (Marcos 5:18-19). Es una vergüenza para Cristo y su iglesia que aquellos que deberían ser maduros en la fe permanezcan como niños (1 Corintios 3:1-3). La fe cristiana madura es un ejercicio de ambas mente *y* corazón, conocimiento *y* voluntad, fe *y* acción. Reconocer la verdad cristiana es una cosa. "Sostenerla" y vivirla es otra. El que conoce el misterio de la fe sin sostener el misterio de la fe es una plántula en un tornado. Pero quien sostiene ese misterio "con la conciencia tranquila" es un roble, inamovible y seguro incluso cuando los vientos más fuertes presionan contra sus ramas bien formadas.

Diácono, le prometo esto: muchos cuestionarán y se opondrán a su fe. En algunos casos, sus argumentos parecerán convincentes. No tiene que responder a todas sus objeciones y nadie espera que sea un apologista cristiano profesional. Pero debe ser lo suficientemente firme en su fe cristiana para aferrarse a ella cuando sea desafiada de nuevas maneras. Y así será.

EXAMEN (V. 10)

"El camino no produce el cambio; sólo nos coloca donde puede ocurrir el cambio". Con sagacidad eterna, Richard Foster barre la tierra a lo largo del camino de la sabiduría antigua: "Este es el camino de la gracia disciplinada... una vez que vivamos y caminemos por el camino de la gracia disciplinada durante un tiempo, descubriremos cambios internos".[37] El tiempo en sí no garantiza la madurez espiritual, pero la madurez espiritual requiere un período de tiempo. Lamentablemente, las iglesias evangélicas del siglo XXI están llenas de hombres y mujeres que han caminado con Jesús durante décadas pero que hoy no son más maduros espiritualmente que antes. Deberían liderar y enseñar, pero en lugar de eso siguen sentados y sumergidos.

Una madurez espiritual creciente es un requisito para quienes ocupan cargos bíblicos. En mi libro de 2016 *Mile Markers* [Marcadores de Millas], propongo tres etapas de crecimiento espiritual a partir de 1 Juan 2:12–14: infancia espiritual, adolescencia espiritual, y madurez espiritual. Uno de los marcadores más importantes de madurez espiritual es la creciente conciencia del crecimiento que aún es necesario. Ser maduro y madurar no es haber llegado, sino haber recorrido el camino de la fidelidad cristiana por un tiempo y haber sido fortalecido en la fe en consecuencia. Muchos de los que se acercan para considerar el oficio de diácono se consideran indignos, ignorantes, o no preparados. En esencia, sienten que no son lo suficientemente maduros espiritualmente. Este es un sentimiento normal para quienes comprenden la importancia del oficio. Pero los candidatos a diáconos deben reconocer que la obra de la madurez cristiana nunca se completa de este lado de la tumba. La medida del carácter de 1 Timoteo 3:10 es una medida de probar y comprobar, no de prueba y perfeccionar. "Cuanto más sabemos acerca de la Palabra de Dios, más nos damos

cuenta de que no sabemos acerca de la Palabra
de Dios. Cuanto más llegamos a conocer a Dios
a través de Su Palabra, más anhelamos conocerlo.
Cuanto más nos asemejamos a Cristo, más nos
damos cuenta de lo lejos que estamos de la semejanza de Cristo".

El conocimiento, el crecimiento, y la humildad son marcas de madurez. Pero quizás el mar-
cador más obvio de la madurez espiritual sea la
reproducción intencional. Las cosas maduras se
reproducen. "Un adulto espiritual tiene un interés personal en la salud espiritual de aquellos a
quienes influye. Y aunque sabe que no es perfecto, vive su vida como un modelo abierto para el
discipulado cristiano".[38]

Es aconsejable que un candidato a diácono
pase por una temporada de pruebas/exámenes
antes de ser considerado para el cargo. Pero recuerde, se trata tanto de carácter como de requisitos.
El período de tiempo en sí no es la cuestión; el
objetivo es haber demostrado claramente madurez espiritual. Santiago recuerda a su lector: "la
prueba de nuestra fe produce paciencia" (Santiago
1:3). Probar por probar no tiene sentido. Pero las
pruebas en aras de la perseverancia y la resisten-

cia son bíblicas. Las pruebas toman tiempo. No designe a alguien para el cargo apresuradamente.

Esto puede sonar frío y reprobador, pero es necesario decirlo. Ruego que lo reciba con amor y gracia, tal como está previsto. Si tiene problemas para encontrar candidatos a diáconos calificados y capaces en su iglesia, el primer culpable probablemente sea usted mismo. Muchos líderes cristianos suponen que *alguien más* está evangelizando, discipulando, y levantando líderes para la próxima generación para los oficios de la iglesia. Pero ellos mismos no están evangelizando, discipulando ni levantando a tales líderes. Usted sabe que su congregación necesitará diáconos fieles y calificados en las próximas décadas.

En la edición de otoño de 2023 de *Deacon Magazine* [Revista Diácono], desempaqué una estrategia práctica de siete aspectos para "Seleccionar y Capacitar Diáconos Eficaces". Aquí están los siete pasos:

1. Ore.
2. Construya y facilite caminos claros de discipulado en la iglesia.
3. Evangelice en su comunidad.

4. Identifique y comience a discipular a potenciales líderes-servidores.

5. Crea una cultura de mentoría en el cuerpo de diáconos.

6. Desarrolle un programa de capacitación de diáconos sólido bíblica y prácticamente.

7. Haga de la selección y ordenación de diáconos ceremonias especiales y llenas de oración.[39]

Cualquiera que sea el sistema o estrategia que adopte o construya para su iglesia, comprenda que algún día estará buscando candidatos a diáconos fieles y calificados. Cada uno de ellos debe haber soportado una temporada de pruebas y exámenes. Si no comienza a evangelizar, discipular, y asesorar a candidatos potenciales ahora, no estarán listos cuando la iglesia los necesite.

Imagine un cuerpo de diáconos lleno de hombres que han sido examinados a lo largo del tiempo y han demostrado ser fieles. Imagine un grupo de diáconos encargados del liderazgo, servicio, apoyo, y protección del cuerpo de la iglesia que tienen una perseverancia firme, sin importar qué tipo de pruebas se les presenten. Le dice Pablo a Timoteo, este es el tipo de cuerpo de diáconos que la iglesia necesita. Examinado. Probado. Disciplinado. Seguro.

VIDA EN EL HOGAR (VV. 11-12)

La frase "maridos de una sola mujer" tiende a captar la mayor parte de la atención en el versículo 12. Cualquiera que sea la posición de su iglesia sobre esta frase, no olvide que se trata de carácter. El diácono debe ser un hombre de una sola mujer. Sólo debe tener ojos para su única esposa; debe estar totalmente dedicado a su única esposa.

Como señalé al comienzo de este capítulo, creo que la lectura más directa de los textos bíblicos apoya un diaconado exclusivamente masculino. Sin embargo, quiero reiterar que muchos pastores y líderes de iglesias teológicamente conservadores y bíblicamente fieles creen de manera diferente sobre este asunto y permiten que mujeres piadosas y fieles ocupen el oficio de diácono. Celebro su compromiso con la autoridad de las Escrituras y honro su autonomía en esta decisión. Conozco personalmente a mujeres que ocupan el cargo de diácono y seré el primero en testificar de su piedad, bondad, humildad, y fidelidad a Cristo, su Palabra, y su iglesia. Esto no es una cuestión doctrinal de primer o segundo nivel, y no vale la pena la división o la desunión entre iglesias o dentro de las iglesias. También he visto personalmente a innumerables mujeres piadosas y fieles asumir con gracia la responsabilidad del liderazgo de servicio en iglesias locales sin título ni cargo. Su disposición a servir edificó y fortaleció a la iglesia y, en algunos casos, la rescató de una desaparición inminente. Ya sea que las mujeres piadosas y fieles puedan o no ocupar el cargo y reclamar el título, son por función diaconisas (sirvientas) de la iglesia, dignas de nuestro más profundo respeto y sincera gratitud.

Si un diácono está casado, debe ser fiel a su única esposa. Debe ser el tipo de hombre de una sola mujer. Según el versículo once, su esposa "también deben ser dignas," no calumniadoras ni chismosas, "sobrias, fieles en todo". Ya sea que las mujeres ocupen el cargo y reclamen el título o no, si un diácono está casado, su esposa debe exhibir piedad, humildad, y fidelidad en su carácter. Los diáconos que están casados a menudo lo harán, funcionalmente, como un equipo de marido y mujer. Harán visitas juntos, servirán a las familias juntos y juntos entregarán sus vidas a la iglesia. El versículo once no puede pasarse por alto cuando se trata de la vida en el hogar del diácono. Demasiados oficiales de cargos en la iglesia han quedado descalificados debido a las fallas de sus cónyuges en las cualidades de carácter enumeradas aquí. Lo más probable es que puedas contar tantas historias de primera mano como yo también puedo hacerlo que demuestran esta verdad.

De manera similar, el diácono debe ser un líder fiel y sabio en su hogar, "gobernando competentemente sus propias casas y a sus propios hijos" (versículo 12). Si el diácono tiene hijos, debe ser evidente en sus vidas que han sido alentados hacia la rectitud, guiados hacia Jesús, y discipulados intencionalmente en el hogar. Con el tiempo, todos nuestros hijos tomarán sus propias decisiones y recorrerán sus propios caminos. Pero independientemente de las decisiones que los niños tomen más adelante en la vida, el hogar del diácono debe ser uno en el que Jesús sea consistentemente honrado como Señor. Smethurst simplifica, "El apóstol no podría ser más claro: no existe un buen diácono que sea un pésimo esposo o padre. Ser un 'buen hombre de familia' no es una ventaja al considerar a alguien para el diaconado; es un requisito previo".[40]

El hogar del diácono debe ser un lugar de amor, gracia, perdón, discipulado, y hospitalidad. Su esposa e hijos no serán perfectos, ni se les debe exigir ese estándar. Sin embargo, debe haber administrado bien los asuntos de su casa si quiere dirigir, servir, apoyar, y proteger los asuntos de la casa de Dios. "Se le pide que sirva en la casa de Dios. Si su hogar personal está desordenado, no podrá servir a la iglesia como debería".[41]

RECOMPENSA (V.13)

El versículo 13 responde a una pregunta que ningún diácono jamás hará. Entonces permítame preguntarle por usted: ¿Qué gano yo con esto? El solo pensamiento de esta pregunta probablemente ofende a quienes son llamados a este cargo. Son, por naturaleza, sirvientes que no buscan recompensa. Sin embargo, a quienes sirven bien se les da una recompensa. Como objeto en sí mismo, la recompensa no debe buscarse, pero tampoco debe despreciarse. Dios da buenos regalos a los hijos que ama (Mateo 7:11). Usted, diácono, no es una excepción. Pero esta recompensa no es sólo para aquellos que han ocupado el cargo o han portado el título. Es exclusivo de algunos dentro del cuerpo de diáconos. Por extensión lógica, se les oculta a los demás. Una traducción literal de 1 Timoteo 3:13 emplearía el tiempo verbal de la palabra "diácono," tal como vimos en Hechos 6:3— aquellos que sirven bien como *diáconos*. Cuando se considere la recompensa, la pregunta no será «¿has diaconado?" pero "¿has *diaconado* bien?"

La Biblia no ofrece medidas objetivas del éxito del diácono. No hay casillas de verificación para completar objetivos o cambios efectuados. El único objetivo expresado es el de ser un buen diácono. Dalo todo, todo el tiempo. Quizás eso sea algo bueno. Muy pocos saben esto sobre mí (hasta ahora, cuando todos lean este libro), pero soy legítimamente obsesivo-compulsivo. He lidiado con eso toda mi vida. A menudo se manifiesta de la manera más extraña y sutil. No te aburriré con los detalles. Basta con decir que a menudo inconscientemente vivo mi vida marcando casillas. Me pongo pequeñas metas (a menudo a diario), las escribo y, literalmente, las reviso o las tacho. Puede que esto le suene extraño, pero es parte de lo que soy. Me ayuda a controlar la ansiedad y

y a vivir por encima de algunas de mis heridas psicológicas autoinfligidas. A veces le digo a la gente que tengo COT. Es como el TOC, excepto en orden alfabético. Lo sé, soy raro. Nunca me verás igual. Si yo fuera llamado a ser diácono y las Escrituras enumeraran medidas claras y objetivas de éxito, estoy seguro de que me esclavizaría a ellas diariamente. No tengo ninguna duda sobre esto; es solo parte de lo que soy. Pero como hemos explorado a lo largo de este libro, un diácono no es un robot. Un diácono es un líder-siervo espiritualmente vibrante, comprometido relacionalmente, y guiado por el Espíritu. Esto no quiere decir que los diáconos no puedan o no deban ser organizados y sistemáticos. ¡Todo lo contrario! Pero al final del día, las medidas del éxito nunca se cuantificarán según las casillas que usted marque. En muchos sentidos, la recompensa del diaconado está incorporada en el pan de los ritmos diarios. Sirva bien y sabrá exactamente de qué estoy hablando.

Según el versículo 13, la recompensa de un diácono que ha "servido bien" es doble: (1) "una posición honrosa" y (2) "gran confianza en la fe". Una posición honrosa en la iglesia se refiere a la influencia relacional que se desarrolla con el tiempo a medida que se considera que el diácono es digno de confianza. Es esa medida de "respeto" ganado lo que "viene horizontalmente desde la iglesia".[42] Después de muchos años de servir bien como un diácono con propósito, la iglesia comienza a ver a este hombre como alguien en quien pueden confiar y respetar. Esta buena posición honrosa no es una insignia de honor sujeta a la chaqueta deportiva para ser reconocida en las reuniones. Es más como un par de rodilleras, escondidas debajo del pantalón para mayor comodidad al lavar pies. Un diácono siempre está más erguido sobre sus rodillas; es más honorable cuando sirve con humildad.

La segunda parte de la doble recompensa del diácono fiel es que adquiere "gran confianza en la fe". La fe se fortalece cuando los hombres piadosos viven toda una vida de servicio en la iglesia. Es sorprendente cómo Dios usa cada año que pasa para moldearnos y convertirnos en los seguidores de Cristo que él desea que seamos. Después de décadas de liderar, servir, apoyar, y proteger a la Novia de Cristo, la fe del diácono se fortalece. Él adquiere "gran confianza en la fe". ¡Qué bendición! ¡Qué recompensa!

PREGUNTAS PARA REFLEXIÓN/ DISCUSIÓN EN GRUPO

1. ¿Qué leyó en este capítulo que cuestionó la forma en que tradicionalmente ha interpretado algo dentro de los pasajes de "calificaciones" para diáconos? ¿Está de acuerdo o en desacuerdo y por qué?

2. En sus propias palabras, ¿cómo funciona esta lista de calificaciones como una lista de descripciones de carácter para el diácono?

3. Piense en los cuatro propósitos del diácono (liderar con el ejemplo, servir a los miembros, apoyar al pastor/personal, proteger la paz). ¿Cómo podría una falla de carácter en una o más de las áreas enumeradas en este capítulo afectar negativamente la capacidad del diácono para servir bien?

4. ¿Cómo entiende su iglesia 1 Timoteo 3:8–12 con respecto a (a) el divorcio, (b) el consumo de alcohol y (c) las mujeres que ocupan cargos públicos? Hablen sobre estos temas mientras estudian las Escrituras juntos y lleguen a un consenso. Si no está de acuerdo, hágalo con amor y respeto. No tiene que decidir y hacer

los cambios hoy, pero nunca encontrará consenso si no comienza la conversación.

5. ¿Cuáles son algunas maneras prácticas en que sus diáconos pueden animarse y desafiarse unos a otros regularmente en estas ocho áreas de formación del carácter de 1 Timoteo 3:8–13?

Epílogo

A mi madre, que ahora tiene 74 años, siempre le han encantado los rompecabezas. Cuando éramos niños, ella compraba un rompecabezas de 2000 o 3000 piezas y lo extendía sobre la mesa del comedor, donde permanecía durante semanas hasta que finalmente lo armaba por completo. Mis hermanos y yo nos sentábamos con ella a la mesa de vez en cuando, buscando piezas contiguas y contribuyendo al proyecto. ¿Alguna vez has armado un rompecabezas con tantas piezas? No importa lo bueno que seas, sólo hay una manera de hacerlo. No puedes juntar las piezas a menos que tengas una foto del proyecto terminado frente a ti. Cada rompecabezas que mamá compró venía empaquetado en una caja con la imagen terminada impresa en el frente. Mientras trabajábamos en armar el rompecabezas, consultábamos la imagen con regularidad. Había tantas piezas. No podríamos haberlas juntado todas si no tuviéramos una foto del producto terminado.

Los diáconos son la imagen en el frente de la caja del rompecabezas para los cristianos comunes. No siempre representan el producto terminado a la perfección. Incluso de cerca, es una representación pixelada y reducida de la madurez cristiana. Pero esa imagen de fidelidad a Cristo, la familia y la comunidad es invaluable para los miembros de la iglesia. La vida es tan compleja. Los cristianos están tratando de unir las piezas de sus familias, sus trabajos, su participación ministerial, sus relaciones, y mucho más. Afortunadamente, Dios les ha dado una imagen en el frente de la caja. Ha regalado al cuerpo de la iglesia con diáconos como imágenes de fidelidad a Cristo, su iglesia, y su mundo.

Viajar para capacitar y animar a los diáconos durante estos últimos siete años ha sido una de las mayores alegrías de mi vida. Me han alentado innumerables diáconos fieles y piadosos que dedican lo mejor de sus vidas a la causa de Cristo en y a través de sus iglesias locales. Algunos son médicos y abogados que cambian sus batas y trajes de laboratorio por toallas y trapos cada vez que ingresan a una reunión de la iglesia. Otros son simples agricultores y mecánicos que tienen poco más que ofrecer que fidelidad a Cristo y a su pueblo, y eso siempre ha resultado más que suficiente. Otros son comerciantes jubilados, dueños de negocios o maestros de escuela cuyo carácter e influencia relacional durante muchos años aportan un balance invaluable a cada decisión congregacional. A lo largo de muchas fronteras estatales y a través de muchas aguas, he sido enriquecido con las vidas y testimonios de diáconos fieles cuyas historias de servidumbre desinteresada a las iglesias de Cristo no se contarán hasta que se abra el libro mayor del cielo.

La imagen en el frente de la caja no se ve igual en el contexto de cada iglesia local. He sido testigo de una hermosa diversidad en la representación de la fidelidad cotidiana a Cristo que se muestra en los rostros de mil diáconos dentro de sus comunidades locales. Sus iglesias son bendecidas por ellos, y yo también.

De vez en cuando escucho a un pastor decir algo negativo sobre los diáconos en general.

Siempre respondo alentándolo a hacer el trabajo de cultivar relaciones saludables con esos diáconos y a honrar su oficio bíblico de la manera que él espera que ellos honren el suyo. También me he encontrado con algunos pastores que presumen de haber "eliminado" por completo los diáconos en su iglesia. Mi corazón se quebranta por ellos y por sus congregaciones. Dirigir y servir a la iglesia por sí solo puede parecer un sueño, pero dondequiera que lo he visto, ha sido una pesadilla. Dios le dio a la iglesia dos oficios. Son buenos y son interdependientes. Si la Biblia presenta dos oficios bíblicos para la iglesia del Nuevo Testamento, según lo que creemos y confesamos, entonces vale la pena el esfuerzo de capacitar, alentar, y proponer el cuerpo diaconal.

La mayoría de los pastores continúan entrenándose toda su vida para el oficio bíblico que desempeñan. ¿Por qué los diáconos deberían ser diferentes? Creo que cuando las iglesias recuperen el diseño bíblico para el oficio del diácono, el Espíritu Santo obrará con poder refrescante en y a través de ellos como congregación. Creo que el pueblo de Cristo tendrá imágenes contextuales de la vida cristiana cotidiana a las que recurrir mientras crece en la fe. Creo que la iglesia comenzará a ver más y más actos de servidumbre desinteresada a medida que la gente siga el ejemplo de sus líderes servidores oficiales. Creo que los miembros se sentirán más conectados y amados que nunca. Creo que los pastores y el personal de la iglesia serán más eficientes en el manejo de su tiempo y más alentados en su propio llamado. Creo que cada conflicto se convertirá en una oportunidad a medida que los líderes servidores oficiales protejan la paz con cuidado, con base en la Biblia y con gracia, y redirijan los problemas hacia el crecimiento en sabiduría y el poder del Espíritu Santo. ¿Por qué creo estas cosas? Porque eso es lo que Dios hizo en Hechos 6:1–7 y en innumerables iglesias desde entonces. Cuando los diáconos dirigen bien, sirven bien, aman bien, y se relacionan bien, las iglesias prosperan. No es anecdótico. Es bíblico.

Oro para que haya descubierto nueva energía y haya recibido un refrigerio oportuno en su llamado a lo largo de este libro. Y oro para que la nueva energía se dirija con oración y de manera práctica hacia el servicio a su iglesia con un renovado sentido de pasión y determinación. Su llamado es seguro y su tiempo es corto. Dios ha ordenado. Usted ha respondido. La iglesia lo ha aprobado. Sus pastores han orado. Usted no es diácono por accidente, así que sea un diácono con propósito.

Notes

1   Matt Smethurst, *Deacons: How They Serve and Strengthen the Church* [Diáconos: Cómo Sirven y Fortalecen a la Iglesia], (Wheaton, IL: Crossway), 44.

2   Smethurst, *Diáconos* [Diáconos], 56.

3   Baptist Faith and Message 2000, Article VI "The Church" [Fe y Mensaje Bautista 2000, Artículo VI "Te Iglesia"], https://bfm.sbc.net/

4   Peter F. Drucker, *Managing for the Future: The 1990s and Beyond* [Gerencia para el futuro: el decenio de los 90 y más allá], (New York: Truman Talley Books / Plume Publishers, 1992), 122.

5   Tony Wolfe, "Deacons At Work: 5 Biblical Ways to Be on Mission in the Workplace," ["Diáconos en el Trabajo: 5 Maneras Bíblicas Para Estar en Misión en el Lugar de Trabajo"], in *Deacon Magazine* Vol. 49. no. 3 (Nashville: Lifeway Christian Resources, Spring 2019) pp.19-20.

6   Howard B. Foshee, *Now That You're a Deacon* [Ahora Que Eres Diácono], (Nashville: B&H Publishing, 1975), 13.

7   Tony Wolfe, "Get Closer: A Call to Develop

Deeper Relationships in Your Church Family" ["Acérquese: Un Llamado a Desarrollar Relaciones Más Profundas en la Familia de Su Iglesia"], in *Deacon Magazine* Vol. 53 no. 3 (Nashville: Lifeway Christian Resources, Spring 2023), 37-39.

8   Wolfe, "Get Closer" ["Acérquese"], 39.

9   Foshee, *Now That You're a Deacon* [Ahora Que Eres Diácono], 51.

10   Tony Wolfe, "Passing the Torch: Investing in the Next Generation of Servant Leaders" ["Pasando la Antorcha: Invirtiendo en la Próxima Generación de Líderes Siervos"], in *Deacon Magazine* Vol. 49 no. 1 (Nashville: Lifeway Christian Resources, Fall 2018), 22-24.

11   Foshee, *Now That You're a Deacon* [Ahora que Eres Diácono], 46-47.

12   Aubrey Malphurs, *Being Leaders: The Nature of Authentic Christian Leadership* [Ser Líderes: La Naturaleza del Liderazgo Cristiano Auténtico], (Grand Rapids: Baker Books, 2003), 42.

13   Bob Smietana, "Research: Unchurched will talk about faith, not interested in going to church" ["Investigación: Los no pertenecientes a la iglesia hablarán de fe, no están interesados en ir a la iglesia"], June 28, 2016 (https://news.lifeway.com/2016/06/28/research-unchurched-will-talk-about-faith-not-interested-in-going-to-church/).

14   Tony Wolfe, "Standing in the Gap for the Or-
      phan and the Widow" ["De pie en la Brecha por
      el Huérfano y la Viuda"], in *Deacon Magazine*
      Vol. 50 no. 1 (Nashville: Lifeway Christian Re-
      sources, Fall 2019) 30-31.

15   Stanley Grenz, *Created For Community: Connect-
      ing Christian Belief with Christian Living* [Crea-
      do Para Comunidad: Conectando la Creencia
      Cristiana con la Vida Cristiana], (Grand Rapids:
      Baker Books, 1996), 196.

16   Barna Group, "38% of U.S. Pastors Have
      Thought About Quitting Full-Time Ministry
      in the Past Year," ["El 38% de los Pastores Es-
      tadounidenses Han Pensado en Dejar el Minis-
      terio a Tiempo Completo en el Último Año"],
      November 16, 2021 (https://www.barna.com/
      research/pastors-wellbeing/).

17   James V. Cartwright Jr., "Acts 6 A Message for
      Today: An Excerpt from the First Edition of
      Deacon Magazine, October 1970" ["Hechos 6
      Un Mensaje para Hoy: Un Extracto de la Pri-
      mera Edición de la Revista Diácono, octubre
      de 1970"], in *Deacon Magazine* Vol. 51 no. 1
      (Nashville: Lifeway Christian Resources, Fall
      2020), 35-36.

18   Smethurst, *Diáconos* [Diáconos], 47.

19   Paul R. Badgett, Alan Dodson, Todd Gray, Rick
      Howerton, Andy McDonald, Larry J. Purcell,
      Stephen C. Rice and Alan Witham, *The Deacon
      Ministry Handbook: A Practical Guide to Servant*

Leadership [El Manual del Ministerio Para el Diácono: Una Guía Práctica Para el Liderazgo Servicial] (Brentwood, Tennessee: B&H Publishing, 2023), 53-54.

20   Don Pucik, "How to Support Your Pastor and Staff in the Ministry You Lead: 5 Ways to Communicate Your Support" ["Cómo Apoyar a su Pastor y al Personal en el Ministerio que Dirige: 5 Formas de Comunicar su Apoyo"], in *Deacon Magazine* Vol. 51. no. 4 (Nashville: Lifeway Christian Resources, Summer 2021), 28-29.

21   Mark Dance, "Can You Be Your Pastor's Friend: 5 Reasons Pastors May Be Reluctant to Befriend Deacons" ["¿Puede Usted ser Amigo de su Pastor?: Cinco Razones por las que los Pastores Pueden ser Reacios a Entablar Amistad con los Diáconos"], in *Deacon Magazine* Vol. 51 no. 4 (Nashville: Lifeway Christian Resources, Summer 2021), 16-18.

22   Michael Lewis and Andy Spencer, *Lift Your Pastor: Becoming a Pastor's Advocate* [Levante a Su Pastor: Conviértase en un Defensor del Pastor] (United States: Engedi Publishing LLC, 2017).

23   Badgett, et. Anguila., *The Deacon Ministry Handbook* [El Manual del Ministerio Para el Diácono], 13.

24   Smethurst, *Diáconos* [Diáconos], 52.

25   Mark Hallock, *Leading Church Revitalization: The Posture, Priorities, Practices, and Perseverance*

Needed for the Long Haul [Liderando la Revitalización de la Iglesia: La Postura, Prioridades, Prácticas y la Perseverancia Necesarias a Largo Plazo], (Littleton, CO: Acoma Press, 2022), p.374.

26   Hallock, *Leading Church Revitalization,* 373.

27   Steve Brown, *How to Talk So People Will Listen,* [Cómo Hablar Para que la Gente Escuche], revised edition (Grand Rapids: Baker Books, 2014), 115.

28   Hallock, *Leading Church Revitalization* [Liderando la Revitalización de la Iglesia], 378.

29   Jim Noble, Scott Tistlethwaite, Phil Von Kaenel and Mark Hallock, *On Being A Deacon: The Marks, Duties, and Joy of Servant-Leadership* [Sobre ser Diácono: Las Marcas, Deberes y gozo de Liderazgo-Servicial], (Littleton, CO: Acoma Press, 2019), 76.

30   Deitrich Bonhoefer, *The Cost of Discipleship* [El Costo del Discipulado] (Chicago: Piedra de toque, 1995), 126-127.

31   Smethurst, *Diáconos* [Diáconos], 135-152. Aprecio y comparto la elegante conclusión de Smethurst sobre el asunto: "Sin embargo, no deseo ser dogmático en este punto de vista, y ciertamente respeto a los muchos creyentes piadosos que no están de acuerdo conmigo. Mientras esperamos ese tiempo de eterna claridad 'cuando venga lo perfecto, entonces lo que es en parte

pasará' (1 Cor. 13:10, RVR1960), hay lugar para ambas conclusiones en el reino de Dios".

32   Jim Noble, a. Anguila., *On Being A Deacon* [Sobre ser Diácono], 13-57.

33   John Maxwell, *21 Irrefutable Laws of Leadership: Follow Them and People will Follow You* [Las 21 Leyes Irrefutables del Liderazgo: Siga estas leyes y la gente lo seguirá a usted], (Nashville: Tomas Nelson, 1998), 81.

34   Ken Blanchard y Philip Hodges, *Lead Like Jesus: Lessons from the Greatest Leadership Role Model of All Time* [Un Líder Como Jesús: Lecciones del Mejor Modelo a Seguir de Liderazgo de Todos los Tiempos] (Nashville: W Publishing Group, 2005), 55.

35   Richard J. Foster, *Celebration of Discipline: The Path to Spiritual Growth* [Celebración de la Disciplina: Hacia Una Vida Espiritual Más Profunda], (San Francisco: Harper One, 2018), 81.

36   Carl F. Trueman, *Strange New World* [Nuevo Mundo Extraño] (Wheaton, IL: Crossway, 2022), 22-23.

37   Foster, *Celebration of Discipline* [Celebración de la Disciplina], (Nueva York: Harper One, 2018), 8.

38   Tony Wolfe, *Mile Markers: Stages of Growth Along the Journey Toward Spiritual Maturity* [Marcadores de Millas: Etapas de Crecimiento a lo Largo del Viaje Hacia la Madurez Espiritual],

(Rapid City, CO: Crosslink Publishing, 2016), 108-109.

39   Tony Wolfe, "Selecting and Training Effective Deacons: Developing a Long-Term Strategy" ["Selección y capacitación de diáconos eficaces: desarrollo de una estrategia a largo plazo"], in *Deacon Magazine* Vol. 54 no. 1 (Nashville: Lifeway Christian Resources, 2023), 13-14.

40   Smethurst, *Diáconos* [Diáconos], 69.

41   Badgett, et. Anguila., *The Deacon Ministry Handbook* [El Manual del Ministerio Para el Diácono], 11.

42   Smethurst, *Diáconos* [Diáconos], 69.

www.ingramcontent.com/pod-product-compliance
Lightning Source LLC
Chambersburg PA
CBHW060749100426
42813CB00004B/749